EL NEGOCIO
DE LA VIRGEN

nowtilus
frontera

EL NEGOCIO
DE LA VIRGEN

TRAMAS POLÍTICAS Y ECONÓMICAS DE MILAGROS Y CURACIONES.

APARICIONES MARIANAS, ¿QUIÉN SE BENEFICIA?

MOISÉS GARRIDO VÁZQUEZ

www.investigacionabierta.com
www.nowtilus.com

Serie: **Nowtilus Frontera**
Colección: **Investigación Abierta**
www.nowtilus.com
www.investigacionabierta.com

Título de la obra: **El negocio de la Virgen**
Autor: © **Moisés Garrido Vázquez**

Editor: **Santos Rodríguez**
Director de la colección: **Fernando Jiménez del Oso**
Director editorial: **David E. Sentinella**
Responsable editorial: **Teresa Escarpenter**
Coordinación editorial: **Gloria Sánchez**

Diseño y realización de cubiertas: **Carlos Peydró**
Diseño de interiores: **Juan Ignacio Cuesta Millán**
Maquetación: **Juan Ignacio Cuesta y Gloria Sánchez**
Producción: **Grupo ROS (www.rosmultimedia.com)**

Editado por **Ediciones Nowtilus, S.L.**
www.nowtilus.com
Copyright de la presente edición:
2004 Ediciones Nowtilus, S.L.
Doña Juana I de Castilla, 44, 3.º C, 28027-MADRID

ISBN: 84-9763-097-1
EAN: 978 849763097-9
Fecha: septiembre 2004.

Printed in Spain
Imprime: Fareso, S. A.
Depósito Legal: M. 36.004-2004

ÍNDICE

AGRADECIMIENTOS

Han sido muchos los compañeros que me han animado a realizar este libro. A todos ellos agradezco el apoyo y la confianza que han depositado en mi persona.

En primer lugar a Lorenzo Fernández, que hizo todo lo que estuvo en sus manos para que este libro viera por fin la luz.

A José Manuel García Bautista, Rafael Cabello Herrero, Manuel Carballal, Ignacio Garzón, Pedro Canto, Javier Sierra, José Manuel Durán, José Juan Montejo Aguilera, Joaquín Mateos Nogales, Josep Guijarro, Juan José Benítez, Julio Marvizón, Manuel Gómez Ruiz, Rosa Mª Padilla, Gregorio Parra, Bruno Cardeñosa, José L. Peláez, Fernando Jiménez del Oso, David E. Sentinella, Salvador Freixedo, Magdalena del Amo, Fernando García, Gabriel Carrión, Juan Vallejo, Pepe Rodríguez, Raúl Núñez, Francisco Cabrera y Joaquín Abenza, por la amistad que me une a ellos.

A Alejandro Rubio, fiel amigo e inseparable compañero de fatigas.

A mi maestro Ignacio Darnaude Rojas-Marcos, gran filósofo de la ufología, con quien tanto he aprendido y seguiré aprendiendo.

A José María Casas-Huguet, por sus profundos conocimientos y por nuestros enfoques interpretativos tan comunes de lo paranormal.

A mis entrañables amigos de la S.E.I.P. (Sociedad Española de Investigaciones Parapsicológicas). Especialmente a Antonio Pérez, Manuel Capella, Iván Hitar, Pedro J. Fernández, David Garcés, Miguel Andreu Fuster, Guillermo Núñez, Pedro Amorós, Vicente Bolufer...

Al recordado y admirado Antonio Ribera, allá donde esté, por su sabiduría y fino sentido del humor, y por el cariño que siempre supo transmitir a su "nieto andaluz", como él me llamaba.

Finalmente, a todos aquellos estudiosos, testigos y protagonistas directos que me han aportado datos, me han confesado sus experiencias y me han ofrecido su particular punto de vista sobre el tema que ocupa las páginas de este libro.

A todos, muchas gracias.

No es lo que parece...

En un libro como éste, quizá la cuestión primera a plantearse es si se trata realmente de la Virgen quien se aparece. Para los escépticos, ni siquiera es un tema a debatir: se trata de un fenómeno meramente subjetivo en el que se mezclan fabulación, autosugestión, percepciones delirantes e histeria colectiva; nada, pues, que rebase los límites de lo estrictamente natural. No digo que no sea así en más de un caso, pero reducir un tema tan complejo y apasionante como el de las apariciones marianas a simples causas psicológicas es, además de pueril, erróneo.

Para ser aceptadas como "auténticas" —entrecomillo la palabra porque esa cualidad no garantiza en modo alguno que se trate de la Virgen—, las apariciones no deben limitarse a lo subjetivo. Salvo excepciones, lo habitual es que sean sólo los videntes, con frecuencia un pequeño grupo de niños o de adolescentes, quienes, en trance, vean y oigan a la entidad que se aparece; pero si todo se redujese a su testimonio, malamente podríamos calificar como extraordinario al suceso. Por muy necesitadas de creer que estén las personas del entorno, han de producirse paralelamente fenómenos de carácter presuntamente sobrenatural que avalen el relato de los videntes. La variedad e importancia de esos fenómenos es tanta, que su enumeración requeriría varias páginas. Entre los más frecuentes, aparte de la exhibición de capacidades paranormales dada por los videntes durante sus éxtasis, suficientemente demostrativos por sí solos de que nos hallamos ante un suceso fuera de lo normal, abundan los de naturaleza física, perceptibles por todos los congregados, y a veces tan llamativos como intensos aromas, lluvia de materia algodonosa que se disuelve al contacto con el suelo o la presencia de luces de diferentes formas y tamaños que evolucionan sobre el lugar.

Ya se trate de uno o de varios fenómenos de la índole descrita, su presencia es imprescindible para que el acontecimiento capte el interés de los convecinos y, ulteriormente, de los curiosos que lleguen de otras localidades. Una vez conseguida la afluencia de numeroso público -tras las primeras, aparentemente espontáneas, las siguientes apariciones son anunciadas con antelación, señalando día y hora, por la propia entidad-, es cuando esos fenómenos alcanzan su mayor espectacularidad para convencer a los más reticentes y acreditar que se trata de un suceso sobrenatural. Esta técnica, reconocible sin esfuerzo en la mayoría de los casos de apariciones marianas, responde a un objetivo que, al menos a primera vista, no se corresponde con la magnitud de la puesta en escena. Cuesta trabajo aceptar que toda esa elaborada sucesión de prodigios tenga como finalidad la difusión de mensajes culpabilizadores, cargados de tópicos, y que, de puro reaccionarios, resultan más esperpénticos que creíbles. Exigir el rezo habitual del rosario o la erección de una iglesia como medio de expiación y único recurso para salvar al mundo de un final apocalíptico, es tan grotesco, que, sólo por ello, sobran razones para dudar de que se trate de la Virgen o de cualquier personaje espiritual presuntamente evolucionado. De hecho, cuando se estudia con algún detenimiento la génesis de las apariciones marianas, incluidas las que todavía cuentan con millones de adeptos, se descubre que en sus primeras manifestaciones esas entidades no se presentan como la Virgen, Jesús o un determinado arcángel, sino que dejan esa identificación a cargo de los propios videntes o de los adultos que escuchan su relato. Es después, definido ya el papel que han de representar, cuando lo asumen con toda propiedad y sin salirse del texto para no defraudar al público.

Establecido y acreditado el lugar de apariciones, se hace imprescindible la dotación económica. La simple construcción de un altar o de un sencillo monumento, requiere ya una inversión. Esos primeros gastos suelen ser sufragados sin mayor dificultad por algún devoto, pero los siguientes, tanto más cuantiosos cuanto mayor sea la asistencia de fieles, y no olvidemos que es la propia aparición la que reclama congregaciones multitudinarias, requieren colectas, donaciones —las curaciones milagrosas se traducen frecuentemente en generosas aportaciones de los enfermos sanados y de sus familiares—, apertura de cuentas bancarias y, para dar mejor fin a esos ingresos, un equipo de personas que los gestione. Por su parte, los habitantes del pueblo inmediato, crean o no en la naturaleza sobrenatural de los hechos, asisten, primero perplejos y luego satisfechos, a la llegada masiva de forasteros, a los que hay que alojar, alimentar y, en un paso siguiente, vender todo tipo de recuerdos y fruslerías relacionados con la aparición.

Pese a que estas consecuencias económicas de las apariciones lleguen a alcanzar cifras sorprendentes, podemos considerarlas naturales, fruto de la propia dinámica del suceso. Sin embargo, dependiendo de la repercusión social de los mensajes, del número de visitantes y, sobre todo, de su previsible proyección internacional, al lugar de apariciones comenzarán a llegar enormes sumas de dinero, en su mayor parte, del extranjero. No se trata de donaciones individuales, sino de una auténtica financiación a cargo de instituciones que, bajo nombres más o menos piadosos, actúan con intenciones más estratégicas que religiosas. Al lector le sorprenderá saber que, en sus primeros años, antes de que el tema se convirtiera en un auténtico circo, la orden de La Santa Faz, monopolizadora de las apariciones de El Palmar de Troya, en Sevilla, recibía periódicamente sustanciosos fondos, cuantificables en varios centenares de millones de pesetas, de Irlanda y de Estados Unidos. Unos procedían de sociedades vinculadas al catolicismo integrista y otros de la propia CIA. Se ha hecho en otras épocas y en otros países en situación política "inestable" —en España, las apariciones de El Palmar alcanzan su máxima proyección en los últimos años del franquismo y durante la transición, cuyo resultado era entonces una absoluta incógnita—, con el fin de crear focos aferrados a la tradición más inmovilista y asociados a la extrema derecha, por si, llegado el momento, convenía utilizarlos como grupos de presión; algo que ya se ensayó en Iberoamérica con excelentes resultados. En el caso citado como ejemplo, el último y más evidente del siglo XX, "la virgen" santificó a Franco e indujo a depositar el destino espiritual de España en manos de Blas Piñar, al que, en los mensajes llegados del cielo, se le denominaba "el caudillo del Tajo". Al ciudadano medio puede parecerle un dislate, pero si analiza el trasfondo del terrorismo islámico, tal vez cambie de opinión, porque, aunque de signo contrario, se trata de la misma estrategia.

F. Jiménez del Oso

13

Introducción

13 DE MAYO DE 1987. Siempre recordaré esa fecha... La Virgen no cumplió su promesa de efectuar un milagro multitudinario —aunque no crean que la culpa fue suya-, sin embargo, la mayoría de las personas que se congregaron aquel día en la estación ferroviaria Jabugo-Galaroza, en la aldea onubense de El Repilado, regresaron a sus hogares convencidas de que María, la madre de aquel buen galileo llamado Jesús, había posado sus pies sobre el árbol que se hallaba junto al apeadero. Todos creyeron que esa tarde la Virgen había vuelto a manifestarse a Alba Bermúdez Navarro, de 10 años de edad. Y que el milagro anunciado con semanas de antelación se había producido. ¡Por algo era el 70º aniversario de la aparición de Fátima!... Pero, en honor a la verdad, allí no ocurrió nada. No hubo la más mínima evidencia de que la Virgen —"una figura alta, guapa y con el pelo largo", según la descripción de la pequeña vidente— descendiese de los cielos hasta ese perdido rincón del suroeste español. No obstante, tal detalle carecía de importancia. Los fieles que peregrinaron hasta el lugar, unas 15.000 almas, sintieron en sus corazones la presencia de lo sobrenatural... Lo palpaban en el ambiente. Lo veían reflejado en el rostro sereno y en los ojos brillantes de la joven vidente que, vestida de Primera Comunión para la ocasión y arrodillada ante el árbol, miraba fijamente sus ramas mientras movía los labios como si mantuviese un íntimo diálogo con la "entidad celestial"...

Y allí, en medio de todo aquel escenario surrealista, se encontraba un servidor. Delante del gentío y a tan sólo cuatro metros de la vidente, junto a otros compañeros y periodistas. Observaba toda la insólita acción casi sin pestañear, asegurándome que mi cámara fotográfica y mi grabadora estuviesen a punto. ¿Realmente ocurriría algo?, era la pregunta que bombardeaba mi mente mientras pacientemente aguardábamos la "señal". Sin embargo, al mismo tiempo dudaba que pasase nada extraordinario. Como así finalmente ocurrió, pese a que días después se habló de curaciones extraordinarias que luego no fueron tales.

Pero yo también sentí algo muy especial... no de índole trascendente precisamente. Confieso que me sentí seducido por el tremendo impacto sociológico que posee un evento pseudomístico de esta magnitud. Y me decidí a estudiar en profundidad el fenómeno aparicionista. Y, por supuesto, analizar su trasfondo simbólico, psicológico y parapsicológico, así como su aparente vinculación con el fenómeno OVNI, como ya venían proponiendo algunos autores de la talla de Salvador Freixedo, Ignacio Darnaude y Jacques Vallée. Vivir aquel caso en primera persona, in situ, hizo que reconsiderase muchas cosas. Sobre todo, el gran poder que tiene la sugestión, la histeria colectiva y todo aquello que lleve impresa la marca de "milagro". Y así fue como me recorrí media geografía española visitando enclaves aparicionistas; entrevistando a videntes, testigos, párrocos y teólogos; consultando la opinión de investigadores, periodistas, médicos, psicólogos, parapsicólogos, etc.

No podía imaginarme que descubriría muchos asuntos turbios detrás de estas historias, y mucho menos podía sospechar de la existencia de un vasto movimiento aparicionista perfectamente planificado, apoyado por grupos integristas y reaccionarios, que está expandiéndose con gran efectividad a nivel mundial aprovechando la devoción mariana impulsada por el actual pontífice Juan Pablo II tras salvarse del atentado sufrido el 13 de mayo de 1981.

¿Y qué me he encontrado durante estos 17 años de investigaciones en torno a las apariciones marianas?... De todo un poco. He podido recoger testimonios fidedignos sobre fenómenos que podíamos catalogar como paranormales, he conocido gente sencilla que se acercan a esos lugares únicamente a rezar y he vivido el ambiente realmente fraternal entre devotos aparicionistas. Pero también he podido ser testigo de situaciones verdaderamente fanáticas, de grupos sectarios que protegen celosamente la integridad de determinadas apariciones, de amenazas milenaristas que tienen como fin coaccionar y mantener "a raya" a los fieles, y de oscuros negocios que mueven muchísimo dinero no controlado por el fisco. Desde historias aparentemente creíbles hasta burdos y descarados montajes. Pero eso sí, muy pocas cosas —por no decir ninguna— que puedan considerarse auténticos milagros, si entendemos dicho término como "suceso o acontecimiento que excede a los poderes de la naturaleza conocidos y atribuidos a una causa sobrenatural". Esos portentos sobrenaturales que parecen desafiar las leyes científicas, tan publicitados y usados como reclamo por los fieles aparicionistas, pierden totalmente su valor como tales al ser analizados a la luz de la psicología y la parapsicología. Eso sin hablar de los numerosos fraudes; y a los hechos me remito...

Finalmente he extraído conclusiones personales que no han sido del agrado de los creyentes aparicionistas, lo reconozco, pero que en cambio han sido respaldadas y ratificadas por otros colegas investigadores, lo cual me reconforta. Conclusiones que expondré al final de esta obra.

Quizás, mi actual agnosticismo se deba en buena parte al fenómeno aparicionista. No lo sé. Si es así, he de agradecérselo. Para investigar estos temas, es preferible mantener la cabeza fría, una actitud crítica y no identificarse para nada con las experiencias subjetivas de las que podemos ser partícipes o que nos cuenten sus protagonistas. "*Tener la mente abierta, estudiarlo todo y no creer en nada*", decía Aimé Michel a propósito de los OVNIs. Para las apariciones marianas, un asunto tremendamente delicado y polémico como podrán comprobar, también nos viene como anillo al dedo la máxima del ufólogo francés. ¿Desean, pues, acompañarme en este alucinante viaje por el mundo de la milagrería popular?...

CAPÍTULO I

Radiografía de las apariciones

> *"El mito de María, Virgen y Madre de Dios Hijo, es un plagio de la mitología pagana. En la mayoría de los pueblos, los dioses, los semidioses y determinados héroes, eran siempre concebidos por una Virgen."*
>
> FERNANDO DE ORBANEJA, *Lo que oculta la Iglesia,* 2002

Historia y simbolismo

MARÍA, UNA HUMILDE MUJER que por suerte o por desgracia le tocó vivir en la Palestina del siglo I, madre de un líder de masas que llegaría a ser aclamado por sus seguidores como el "Hijo de Dios", y sin más pretensiones que sobrevivir con resignación y lo más dignamente posible en una difícil sociedad dominada de forma autoritaria por el varón, nunca pudo llegar a imaginarse que su figura sería recordada para siempre, y menos aún que sería convertida en una divinidad venerada por millones de personas de todo el mundo. Y eso pese a que su presencia en los evangelios canónicos es más bien escasa, pero ya se sabe, "los designios de Dios son inescrutables", sobre todo cuando son manejados estratégicamente por las autoridades eclesiásticas. Y en este caso así ha sido, como tendremos ocasión de ver más adelante.

"Desde que el ser humano empezó a pensar en los dioses, los mitos han tenido que irse adaptando a las nuevas circunstancias sociales. Sin duda alguna, la Virgen no es una excepción", asegura el periodista Pepe Rodríguez. Y lleva razón... La devoción popular a la Virgen María, tan arraigada en nuestro contexto occidental debido a la gran proliferación de apariciones marianas –cerca de 22.000 casos a lo largo de la historia del cristianismo, de los que 400 han tenido lugar en el siglo XX–, hunde sus raíces en antiguas tradiciones místéricas o paganas. Encontramos elementos significativamente comunes a la advocación mariana en los ancestrales cultos a las Diosas-Madres: Isis, Isthar, Cibeles, Minerva, Diana, Athenea, Démeter... detalle que siempre ha intentado encubrir la Iglesia, aunque pocas veces lo ha logrado al ser tan notorios los paralelismos existentes. Como elemento femenino e integrador que es, la Virgen María –arquetipo universal de la Madre Tierra (Gaia)– está vinculada a la naturaleza. De hecho, casi siempre elige manifestarse en un enclave natural, junto a arroyos, grutas o árboles, etc. Según el historiador heterodoxo Juan García Atienza, *"el sentimiento popular ha tenido desde sus inicios una intuición instintiva de la sacralidad de la Tierra, como guardiana de la vida y artífice de su evolución. Así lo atestiguan las matres prehistóricas, aquellas Venus esteatopígicas que no representaban tendencias estéticas de las que nuestros antepasados no tenían la menor idea, sino que simbolizan la fertilidad primigenia personalizada en lo femenino: en la mujer que les había parido, en la vaca o la cierva preñada representadas en las paredes de los alber-*

gues primitivos, donde los jóvenes se iniciaban al llegar a la pubertad, en los secretos de
la creación y en el misterio de la vida".

Es en los primeros siglos del cristianismo cuando se rescatan los rasgos
simbólicos y femeninos de diosas como la egipcia Isis —cuyo culto estuvo muy
extendido a través de numerosos templos dedicados a su figura— para trans-
plantarlos a la Virgen María y poder convertirla finalmente, en el Concilio de
Éfeso (año 431 d. de C.), en Madre de Dios, y por ende, en Madre Universal.
Isis, no lo olvidemos, era representada muchas veces con el niño divino Horus
en su regazo, imagen que luego asumió el cristianismo para representar ico-
nográficamente a María y el niño Jesús. Es así como María termina por encar-
nar una tradición colectiva, personificando las virtudes de la fertilidad y del
amor maternal. *"La Virgen tiene su razón de ser como madre: nutre, alimenta, sostie-*
ne. En lo espiritual, inspira, en lo material protege. María significa siempre la actitud
pura del alma que se sustrae a la pasión de este mundo y que escucha el Logos que viene
desde el Cielo, y recibe la Revelación, en el interior del alma", señala Raúl M. Ortega,
especialista en psicología jun-
guiana y en simbología oculta.

Y de esta forma es como se
integra en el inconsciente
colectivo la figura ya diviniza-
da de la Virgen María. Su
veneración pronto consigue
extenderse por todo el orbe
cristiano, sobre todo a partir
del siglo XI, construyéndose
para la ocasión numerosos
santuarios marianos —erigidos

La Diosa Isis
guarda mucha similitud
iconográfica
con la
Virgen María.

en enclaves naturales considerados mágicos o sagrados–, muchos de los cuales se convirtieron con el paso del tiempo en templos o catedrales. La orden militar y religiosa del Temple también juega un gran papel en su difusión por tierras lejanas.

Durante la Edad Media, hubo un gran auge del culto mariano, una auténtica "mariolatría" (Lutero y Calvino lucharían contra ella), potenciada por la Iglesia al observar el fervor popular que generaba la advocación a la Virgen María, a la que, por cierto, se comienza a rebautizar –empezando normalmente como "Nuestra Señora de..."– con infinidad de nombres identificativos bien del lugar donde tiene lugar un determinado prodigio sobrenatural, de una virtud piadosa, de un elemento de su ropaje, etc –el Vaticano tiene registrados casi 3.000 nombres–. Y la peregrinación a recintos marianos se hace algo cotidiano, sobre todo en nuestra geografía, que se vio salpicada por numerosos casos aparicionistas desde los inicios de la era cristiana. El investigador Ramos Perera Molina, presidente de la Sociedad Española de Parapsicología, afirma que:

"Son muchos los que creen que la 'tierra de María Santísima' es sinónimo de España (...) Un avance psicológico importante, para hacer de estas tierras las de María Santísima, fue llamar Jerusalén a todas las iglesias consagradas de España, empezando por el templo muy milagroso que, según la tradición, levantó en Zaragoza el Apóstol Santiago por indicación de la propia Virgen; el primero que se erigió en su honor en el mundo, si los mariólogos tienen razón".

Y así llegamos al siglo XIX en el que hay una oleada de apariciones marianas en muchos puntos de Europa, preferentemente en Francia, donde se desencadena un gran fervor popular a raíz de las célebres apariciones de Lourdes, que tienen lugar en 1858, cuatro años después de instaurarse el dogma de la Inmaculada Concepción. Según considera el especialista en apariciones marianas Joachim Bouflet, *"Francia parece, más que nunca, ser el 'reino de María' (...) El ambiente religioso que reina tras la Revolución Francesa da cuenta en parte del fenómeno. La ola de descristianización y de persecución sangrienta que ha golpeado al país galo durante un decenio ha tenido como consecuencia la transformación en profundidad de las mentalidades religiosas. La piedad popular conoce un brote de vitalidad y surgen nuevas devociones...".*

El siglo XX, una época tumultuosa con dos guerras mundiales y numerosos conflictos sociales y políticos, trae consigo un buen número de incidentes aparicionistas. Fátima, en 1917, es la aparición por excelencia, sirviendo como modelo para las que vendrían posteriormente. Los mensajes de la Virgen se tornan apocalípticos, catastrofistas y reaccionarios, profetizando "el final de los tiempos" antes de que finalice el milenio. En los años 60, el Concilio Vaticano II, con su aire progresista, intenta frenar esa desmedida atención a María, advirtiendo a sus fieles que *"la verdadera devoción* (a María) *no consiste ni en un sentimentalismo estéril y transitorio ni en una vana credulidad".* Pero el pueblo creyente, ajeno a los consejos de la curia vaticana, sigue aferrado a sus costumbres piadosas. Con Juan Pablo II, sin embargo, se consolida aún más ese fervor mariano. Su encíclica *Redemptoris Mater* (Madre del Redentor), promulgada en marzo de 1987, hace una extraordinaria exaltación de María. Curiosamente, en ese año se disparan los casos aparicionistas, siendo España uno de los países con más casuística: Denia (Alicante); Cospeito (Lugo); El Repilado (Huelva); Benalup de Sidonia (Cádiz); Villacañas (Toledo); Pedrera (Sevilla); Fenollet (Valencia); etc. Un mensaje de la Virgen, fechado el 3 de julio de 1987, dice: *"...El tiempo que se os ha concedido para vuestra conversión está casi terminado (...) Este mismo año se cumplirán ya algunos grandes eventos de los que predije en Fátima, y de los que, bajo secreto, he dicho a los adolescentes a los que me aparezco en Medjugorje..."*

La Virgen del Pilar, primera aparición mariana fechada en el año 40 d.C.

Finalizando el siglo, a la vez que se multiplican las muestras de misticismo popular y las peregrinaciones a santuarios marianos, brotan numerosos grupos católicos integristas, sobre todo desde los núcleos aparicionistas —como es el caso del movimiento internacional *Vox Populi Mariae Mediatrici*—, reclamando un nuevo y más que polémico dogma que proclame a María como coredentora de la Humanidad junto a su hijo Jesucristo. Y así es como la mariolatría alcanza su grado máximo en el amanecer del tercer milenio.

En resumen, la extrapolación de antiguos mitos, ritos y creencias de origen pagano al occidentalizado culto a la Virgen María, ha desembocado en una marcada religiosidad popular, con una gran carga mágica y simbólica, cuya actual situación ha sido muy bien simplificada por Luis Maldonado en su obra *Conceptos Fundamentales del Cristianismo*. A saber:

1. "Existen residuos de religiones precristianas, arcaicas, rurales, que sobreviven en formas más o menos de magia, superstición o de paganismo. Pueden ser restos de una protesta frente a la imposición, por la fuerza, del cristianismo a través del poder político. Son una forma de reacción de las clases oprimidas, marginadas, explotadas o subdesarrolladas frente a las clases dominantes aliadas en diversas ocasiones con la jerarquía eclesiástica.

2. Hay también un resurgir y un renacer de ciertas tradiciones religiosas populares arcaico-rurales que están cobrando nueva vida (peregrinaciones, fiestas patronales, culto mariano…) Este movimiento responde a un esfuerzo por superar las contradicciones inherentes a la civilización industrial (desarraigo, emigración, despersonalización, masificación, anonimato).

3. Abundan grupos y relaciones casi-religiosas de movimientos en búsqueda de curación, salud… calcados en modelos eclesiásticos. El líder-curandero es como el santo. Imita el trance, la visión, el milagro terapéutico…"

Muchas más cosas podríamos comentar sobre la Virgen María, tanto a nivel simbólico como idolátrico, y su influyente papel en el catolicismo popular. Hay además cuestiones teológicas muy interesantes y dudosas para debatir como el nacimiento virginal de Jesús, la Asunción de María a los cielos, o las fantásticas narraciones que cuentan los Evangelios Apócrifos respecto de su infancia, sobre todo el *Libro sobre la Natividad de María*. Muy discutibles son también los dogmas marianos establecidos por la Iglesia. Pero nos saldríamos del objetivo principal de esta obra. Y necesitamos mucho espacio para acometer a fondo el fenómeno de las apariciones marianas que, con tanta fuerza, ha irrumpido durante el cambio de milenio al transformarse precisamente en uno de los movimientos milenaristas y proféticos más representativo de las últimas décadas. No hay más que echar un vistazo a los actuales mensajes revelados por la Virgen. Un aroma apocalíptico que se percibe claramente en un texto publicado hace unos años por la revista tradicionalista *Queen of Peace*, editada por un grupo católico ortodoxo de Pittsburgh (EEUU):

"...*Según los mensajes de la Virgen María, Dios actuará de una manera decisiva, eliminando toda duda de su existencia incluso en la mente de los más ateos... Las palabras de la Virgen indican que la faz de la Tierra será transformada. Al igual que las antiguas ciudades de Sodoma y Gomorra, ciertas naciones incluso se desvanecerán. A otras, como Rusia, se les promete florecer con un nuevo esplendor. La paz se impondrá y la Iglesia reinará, el mal será paralizado y, como un pozo viejo, se secará y casi desaparecerá de la faz de la Tierra*".

La Virgen María es venerada como una divinidad desde el Concilio de Éfeso (año 431 d.C.).

Características de una aparición

LAS VISIONES DE ENTIDADES NO-HUMANAS —fantasmas, hadas, duendes, dioses, ángeles, demonios, yinns, devas, asuras, etc.— se han repetido a lo largo de la historia, en diferentes contextos sociales, culturales y religiosos. Es incalculable el número de "iluminados" que en todas las épocas han confesado haber presenciado de forma inesperada una figura etérea que no pertenece a nuestro mundo. Para colmo, las frecuentes apariciones de presuntos seres extraterrestres que han tenido lugar desde la segunda mitad del siglo XX se han venido a añadir a esa larga lista de manifestaciones inexplicables. Pero entre todas ellas, siempre ha destacado por sus características intrínsecas las visiones de la Virgen María. Quizás sean estas apariciones sobre las que más se haya escrito y discutido. Al menos son las que más seguidores han agrupado. En el caso de las apariciones marianas nos encontramos con que la manifestación celestial se presenta en repetidas ocasiones ante el vidente —a fecha fija casi siempre—, ofreciendo extensos mensajes de contenido mesiánico, alarmista y ultraconservador, anunciando portentos celestiales como la conocida "danza solar", provocando supuestos "milagros" —tales como aromas de origen desconocido, estigmas, xenoglosia, levitación...—, realizando curaciones extraordinarias, pidiendo que se le construya una ermita y, en última instancia, profetizando eventos milenaristas —el inminente final de los Tiempos, la Segunda Venida de su Hijo, la Apostasía, la llegada del Anticristo-.

Estos elementos están presentes en la mayoría de las apariciones de la Virgen. Y algo muy interesante y que la diferencia de otros tipos de apariciones: abundan los casos en los que hay más de un perceptor, convirtiéndose por tanto en visiones múltiples (Fátima, Garabandal, Medjugorje...) Respecto a esta categoría de apariciones religiosas, el folklorista Hilary Evans, en su documentada obra *Visiones. Apariciones. Visitantes del Espacio*, apunta: *"Ninguna otra clase de experiencia de visión de entidades tiene una carga emocional de semejante intensidad, en la que el deseo del individuo es sostenido por una vasta devoción de la comunidad y por una aprobación doctrinal. Al mismo tiempo, y en gran medida como consecuencia, las visiones de carácter religioso han atraído la atención de comentaristas y eruditos en una escala que no encontramos en relación con cualquier otra clase de visión".*

La manera en que son percibidas estas visiones varía en ciertos aspectos. El éxtasis o trance es la forma más frecuente de contacto entre el perceptor y la visión celestial. Actualmente es el que más prolifera entre los visionarios. El vidente pierde el control de su cuerpo, se desconecta de la realidad, y la Virgen habla por boca de él. En otras ocasiones, la aparición se presenta en sueños. Hay quien dice haber sido transportado en "espíritu" hacia los cielos y haber contemplado maravillas en compañía de la Virgen u otras "huestes celestiales". Los hay también que no tienen manifestaciones a nivel visual sino auditivo, como si alguien a escasa distancia le estuviese hablando al oído —es lo que se conoce como *locuciones*—. Otros reciben mensajes psicográficos de la Virgen, escribiendo enormes "tochos" revelados como es el caso de Sor María

Jesús de Ágreda y su *Mística Ciudad de Dios* o María Valtorta que escribió un libro de diez mil páginas titulado *El evangelio tal y como me ha sido revelado*.

Pero lo que nos interesa en este trabajo son aquellos incidentes en los que el perceptor bajo éxtasis observa una figura femenina y luminosa flotando en el aire, que es identificada como la Virgen María —en unos casos es la propia "entidad" quien lo anuncia y en otros es el propio vidente quien lo deduce–, y que termina por revelarle un mensaje de salvación para la humanidad. Son los casos que pertenecen a la categoría de lo que se entiende por aparición mariana, aunque a veces bajo este término, se engloba erróneamente fenómenos muy diversos. ¿Y qué es lo que observa el vidente? También encontramos rasgos comunes en la entidad que se manifiesta: suele tratarse de una joven y bella doncella, que irradia paz y dulzura, envuelta en una esplendorosa luz, con un velo sobre su cabeza, ataviada con un manto y portando en sus manos un rosario, un escapulario o la bola del mundo.

Así es a grandes rasgos. Como se puede apreciar, son elementos muy estereotipados que podemos encontrar en otras apariciones fuera del contexto católico —las hadas, por ejemplo, guardan una gran similitud con las apariciones de la Virgen–. Ahora bien, ninguna aparición de las que tenemos constancia tiene rasgos semíticos como los que tendría María, la madre de Jesús. ¿Por qué esa contradicción?... En unos casos se aparece con rasgos mestizos, como en Tepeyacac (México), y en otros con tez muy clara, como en La Salette (Francia) o en Medjugorje (ex Yugoslavia). ¿Una mujer judía de Palestina con aspecto mestizo o europeo?... La verdad es que las descripciones dadas por los videntes sobre el color de su piel, de sus ojos y de su pelo varían bastante. *"Los cambios en el aspecto físico de la Virgen parecen contradecir la teología tradicional católica, que establece que la Virgen María fue llevada a los cielos en cuerpo y alma. De seguir al pie de la letra esta doctrina, su aspecto físico no debería cambiar de una aparición a otra"*, advierte el investigador Scott Rogo, autor de *El Enigma de los Milagros*.

Durante el arrobamiento místico, la visión celestial es contemplada con gran gozo y felicidad. Así describe Santa Teresa de Ávila uno de sus encuentros con la Virgen: *"Era grandísima la hermosura que vi en Nuestra Señora, aunque por figuras no determiné ninguna en particular, sino toda junta la hechura del rostro, vestida de blanco con grandísimo resplandor, no que dislumbra sino suave... Parecíame Nuestra Señora muy niña. Estando así conmigo un poco, y yo con grandísima gloria y contento, más –a mi parecer– que nunca le había tenido y nunca quisiera quitarme de él, pareciome que la veía subir al cielo con mucha multitud de ángeles...".*

Han existido muchos santos y místicos que han tenido experiencias afines a las de Santa Teresa, pero por lo general, este tipo de visiones de la Virgen suelen ser protagonizadas por niños –abundan los pastorcillos– y mujeres de escasa cultura, que viven en zonas rurales o aisladas, bajo una situación económica muy desfavorecida, y que han recibido una férrea influencia católica en su ambiente sociofamiliar. Tal vez habría que buscar una causa psicológica al hecho tan llamativo de que mayoritariamente las personas que encajan en ese patrón son más propensas a vivir sucesos extraordinarios de esta clase. Y no, por ejemplo, personas pertenecientes a un estatus socio-cultural y económico elevado. Ya nos ocuparemos más adelante de esta interesante cuestión.

Sor María Jesús de Ágreda, recibió por "revelación divina" la voluminosa obra titulada *Mística Ciudad de Dios*.

Objetivo de las apariciones

SUPONGO QUE EL LECTOR ya se habrá formulado la siguiente pregunta: ¿Qué fin tiene toda esa ingente cantidad de apariciones?... Está claro que para el creyente mariano es la Virgen María quien se aparece y su misión consiste en acercar el mensaje de su hijo Jesús al mayor número de personas. El sacerdote René Laurentin, fiel defensor de las apariciones, asegura que *"su función no es, en absoluto, completar el Evangelio, en el que Cristo ha dicho ya todo lo que es necesario para la Salvación, sino solamente volverlo a poner ante nuestros ojos ciegos y nuestros* oídos sordos; actualizarlo en función de tiempos y lugares nuevos, manifestar nuevas virtualidades del Evangelio, manifestar su vitalidad. Las apariciones orientan el porvenir. Vivifican el Evangelio en situaciones históricas o geográficas nuevas". El mariólogo Francisco Sánchez-Ventura, director de la revista María Mensajera, coincide con esa opinión, pero le añade elementos milenaristas: "Nuestra Señora está realizando, pues, el último esfuerzo por convencer a la humanidad de que llega el castigo, para que, en consecuencia, concluido el periodo de Redención, pueda arrancar la tercera etapa en la historia de la humanidad, la época del Reino de Dios, la prometida visita de la Segunda Venida de Cristo a la tierra".

Santa Teresa de Ávila, mística que protagonizó multitud de fenómenos extraordinarios.

Sin embargo, hay que tener en cuenta que somos muchos los investigadores que no creemos que María, la madre de Jesús, guarde relación alguna con estos fenómenos aparicionistas. Cuando se analiza el tema a fondo, sin apriorismos ni credulidad, se llega a esa conclusión. Por tanto, siento ser tan rotundo pero la explicación dada por Laurentin y Sánchez-Ventura, y aceptada unánimemente por los devotos marianos, no nos sirve a los investigadores que nos acercamos al fenómeno sin ideas preconcebidas. Así que hemos de buscar otras posibles respuestas al interrogante anterior. Veamos...

Una pista muy sugerente es la que nos ofrece el investigador sevillano Ignacio Darnaude: "Si analizamos su distribución estadística, geográfica y cronológica, se extrae la sólida conclusión de que los hitos marianos están programados y obedecen a un propósito inteligente, que bien podría ser la difusión de vastos movimientos de piedad popular, meta que desde luego han alcanzado plenamente". Ahora bien, el problema está en saber qué o quién programa esta especie de "juego cósmico" que parece querer controlar de alguna manera la conciencia humana. ¿Tal vez, "inteligencias suprahumanas" encargadas de llevar las riendas de nuestro destino?... Al referirnos a esta posibilidad, nos asalta a la mente la teoría del "sistema de control" propuesta por Jacques Vallée, según la cual existiría un nivel de control de la sociedad, constante a lo largo de la historia, que funciona como un regulador de la evolución del hombre. El fenómeno OVNI y las apariciones marianas desempeñarían, para el ufólogo francés, un crucial papel en esta operación psico-espiritual a gran escala dirigida, presumiblemente, desde otros planos más allá del espacio-tiempo. Teoría un tanto arriesgada pero que cuenta con muchos partidarios. Entre ellos, Juan José Benítez, que está convencido de la existencia de un "Gran Plan" orquestado por seres celestes, que ayer se presentaban como ángeles y hoy como extraterrestres, y que tienen como misión elevar el nivel espiritual del hombre. Las apariciones marianas, para Benítez, serían otro "disfraz" utilizado por esas mismas "entidades celestes" para llevar a cabo exitosamente dicho plan. *"Al estudiar exhaustivamente las apariciones marianas* —argumenta Benítez en su obra *Los Astronautas de Yahvé*—, *uno termina por hallar demasiados puntos en común con los relatos que encierran los libros del Antiguo y Nuevo Testamento, así como con las historias, leyendas y escritos de los místicos y con las actuales investigaciones OVNI"*. Y esas 22.000 apariciones marianas registradas a lo largo de dos mil años de cristianismo no son, según Benítez, fruto de la casualidad, sino que si se han producido es por algo muy concreto: *"Todas esas 'visiones', 'apariciones', 'milagros' o 'contactos' con seres y 'esferas' sobrenaturales han desembocado irremediablemente en una nítida elevación espiritual de los pueblos (...) Si la intención del 'equipo' era mantener el fuego sagrado de la espiritualidad, la verdad es que, en líneas generales, lo han ido logrando"*. Idea también compartida por Erich von Däniken, quien en su voluminoso libro *Las Apariciones*, apunta que *"las auténticas apariciones han contribuido esencialmente a la tarea de abrir la conciencia de la humanidad"*. A semejante conclusión llega, por otra parte, el psicólogo norteamericano Kenneth Ring, tras estudiar el impacto que producen las experiencias inusuales en los testigos. En su interesante obra *El Proyecto Omega* ofrece el siguiente punto de vista: *"Las experiencias extraordinarias reflejan una inteligencia con un propósito y forman parte de una corriente evolutiva in crescendo que está llevando a la raza humana hacia una conciencia superior y una espiritualidad más elevada"*.

Pero no todos los entusiastas de la teoría del "sistema de control" son tan optimistas como los anteriores investigadores. Hay quienes creen que tal manipulación colectiva no tendría un fin positivo, sino más bien todo lo contrario. Seríamos algo así como una especie de granja humana y esas "entidades" nuestros amos, utilizándonos como nosotros lo hacemos con los animales. El propio Jacques Vallée se hace eco de este otro enfoque en su obra *Dimensions: A Casebook of Alien Contact*: *"Algunos investigadores se han ido, profundamente desanimados al descubrir lo que Charles Fort también resumió a comienzos de siglo en su "Libro de los Condenados": 'Somos propiedad de otros'. Los eruditos en el dominio de los OVNIs, tales como Salvador Freixedo, John Keel y Aimé Michel, piensan que somos impotentes ante las capacidades complejas y absurdas de una inteligencia del espacio capaz de disfrazarse de marciano, de Dios primitivo, de Santísima Virgen, de flota de aeronaves".*

Salvador Freixedo es posiblemente el autor que más páginas ha dedicado a esta presunta manipulación a gran escala que sobre la especie humana están ejerciendo ciertas "entidades extrahumanas" desde la noche de los tiempos. En obras como *¡Defendámonos de los Dioses!*, *La Granja Humana* o *La Amenaza Extraterrestre*, Freixedo nos alerta sobre lo que persiguen esos "dioses" con su estrategia: *"La energía producida por un solo cerebro humano es de poca utilidad para los dioses, pero unida con las energías de muchos otros cerebros, se hace mucho más poderosa y al mismo tiempo se hace más fácilmente extraíble y utilizable. Lograr unir las mentes de muchos humanos, ha sido desde siempre, una de las estrategias de los dioses. Y esta estrategia está dirigida a unir no sólo sus mentes sino también sus cuerpos, de modo que muchos de ellos estén reunidos en el menor espacio posible. Esto facilitará su propósito de 'ordeñar' energéticamente a los humanos...".* Ciertamente se trata de una tesis muy fantástica, pero Freixedo la defiende sin tapujos. El ex jesuita está convencido de que esas "entidades" se nutren, en cierta forma, de la energía que produce nuestro cerebro cuando está excitado. Eso explicaría el porqué se manifiestan en enclaves aparicionistas, el que pidan con insistencia a los devotos oración, sacrificio y penitencia, obsequiándoles a cambio con algún "milagrito". Siguiendo este argumento, el hecho de que soliciten con urgencia la construcción de una ermita sería para garantizar la concentración de un buen número de personas en el "sagrado lugar". Eso mismo sospecha Juan García Atienza, quien en su libro *La Gran Manipulación Cósmica* manifiesta que, *"...en este asunto de las apariciones, se provoca una fortísima corriente de energía colectiva —enfermos, penitentes, disciplinantes y corifeos— en un centro presuntamente divinizado que parece apto, a juzgar por su secular implantación mágica, para canali-*

zar esa energía hacia un destino que no podemos en modo alguno adivinar, pero que, sin duda alguna, resulta útil para alguien o para algo".

¿Para el "maligno", quizás?... Eso creen los cristianos pertenecientes a otras confesiones no católicas. Los Testigos de Jehová, por ejemplo, no se cansan de advertir entre sus adeptos que las apariciones de la Virgen tienen un origen diabólico. *"Satanás se disfraza de ángel de luz (II Corintios 11:14) así que esas apariciones 'divinas' que aparentan ser muy buenas y 'santas' son manifestaciones maquiavélicas de Satanás, y pueden comprobarlo al observar como hay millones de personas en el mundo que les rinden adoración y se postran ante ellas pese a que la Biblia establece claramente que únicamente en el nombre de Jesús y de Jehová se doblará toda rodilla".* También suelen aludir a otro pasaje bíblico bastante explícito: *"La venida del impío, en razón de la actividad de Satanás, irá acompañada de toda suerte de prodigios, de señales y de portentos engañosos"* (II Tes. 2:9).

¿Entidades extrahumanas? ¿Extraterrestres? ¿El demonio?... Por lo que a mí respecta, y como hasta ahora no se han presentado pruebas sólidas sino solo argumentos especulativos, prefiero mantenerme escéptico ante tales hipótesis. Algunas son muy sugerentes, sin duda, pero me cuesta aceptarlas.

La vidente de Lourdes, Bernadette Soubirous.

Cierto es que cuando me acerco por algunos de esos enclaves aparicionistas y observo la multitud orando, llorando y aclamando al cielo la curación de sus seres queridos, me viene a la mente la idea que plantea Freixedo. Pero cuando se descubren tantos fraudes y nos topamos con casos que pueden ser, insisto de nuevo, explicables desde la psicología y la parapsicología, ¿qué necesidad tenemos de pensar en supuestas entidades diabólicas que intentan "vampirizar" nuestras energías psíquicas o, por el contrario, en "emisarios cósmicos" que vienen a darnos un empujón evolutivo?...

Capítulo 2

Actitud de la Iglesia ante las apariciones

> *"...No podemos ciertamente impedir que Dios hable a nuestro tiempo a través de personas sencillas valiéndose de signos extraordinarios que denuncian la insuficiencia de la culturas que nos dominan, contaminadas de racionalismo y de positivismo. Las apariciones que la Iglesia ha aprobado oficialmente ocupan un lugar preciso en el desarrollo de la vida de la Iglesia en el último siglo. Muestra, entre otras cosas, que la Revelación —aún siendo única, plena, y por consiguiente, insuperable— no es algo muerto; es viva y vital. Por otra parte, uno de los signos de nuestro tiempo es que las noticias sobre 'apariciones marianas' se están multiplicando en el mundo".*
>
> Cardenal Joseph Ratzinger,
> Prefecto de la *Sagrada Congregación para la Doctrina de la Fé.*

¿Aprobación oficial?

HABRÍA QUE MATIZAR algunas de estas palabras extraídas de una entrevista que el cardenal concedió al periodista italiano Vitorio Messari. ¿Apariciones aprobadas oficialmente? Hasta la fecha, no hay ni una sola aparición que esté reconocida por el Vaticano mediante documento oficial en el que conste que, en tal o cual sitio, María, la Madre de Jesús, ha hecho acto de presencia. Ni siquiera Fátima y Lourdes gozan de ese reconocimiento explícito. Únicamente están toleradas de forma oficial al culto. Se permite que el cristiano asista libremente a esos lugares de aparición porque en ellos no se observa nada que atente contra la fe católica. Fue algo que me confirmó el Padre José María Pilón SJ, durante una entrevista que le realicé en la Residencia de los Jesuitas, en Madrid. *"La Iglesia, en documento del Magisterio oficial, nunca ha dicho que la Virgen se haya aparecido (...) Otra cosa es que luego un obispo haya publicado una pastoral hablando de las apariciones o que el Papa haya ido como cristiano devoto de la Virgen a un sitio que tiene una cierta connotación mariana"*. Eso mismo nos recuerda el Padre Laurentin en su libro *Apariciones actuales de la Virgen María*: *"La Iglesia no vincula la infalibilidad a sus juicios sobre apariciones. Cuando la Iglesia reconoce la autenticidad de una aparición, no dice: 'La Virgen se aparece aquí, es cierto y hay obligación de creerlo', sino 'Tales son las razones para creer en ella. Se trata de algo bueno, fructífero, en lo que os invitamos a creer, pero sin obligación de fe"*.

Roma mueve los hilos

AÚN ASÍ HAY QUE RECONOCER que la Iglesia, salvo en contadas ocasiones, ha actuado de forma muy ambigua respecto a las apariciones marianas. Además, ha monopolizado un asunto que poco tiene que ver con la auténtica Madre de Jesús, y estoy seguro que, en el fondo, la curia vaticana sabe que es así. Tal y como afirma el ex-embajador del Vaticano Gonzalo Puente-Ojea, *"la Iglesia quiere tener el monopolio de los milagros mediante la homologación institucional de fenómenos que no son en absoluto milagrosos, porque el milagro quebranta las regularidades estadísticas de la naturaleza"*.

Ciertamente, la Iglesia ha estado utilizando el fenómeno aparicionista como más le ha convenido y siempre en beneficio propio: las apariciones resultan ser una buena propaganda católica para atraer feligreses a sus dominios, sobre todo, como ocurrió con los sucesos de Fátima y Medjugorje, si el gobierno que en esos momentos está en el poder es republicano o comunista respectivamente, y por tanto anticlerical.

De todas formas la Iglesia, incómoda con tantos casos aparicionistas que surgen de la noche a la mañana, pretende ahora adoptar una postura más prudente que antaño. ¿Es, quizás, una estrategia para ofrecer una imagen seria frente a esta cuestión?... Posiblemente. Niega el carácter sobrenatural de muchas apariciones, pero luego apoya el culto de unas cuantas que están situadas en puntos geográficos idóneos para propagar la fe católica. Según asegura Salvador Rodríguez Becerra, catedrático de Antropología Social de la Universidad de Sevilla, *"las apariciones de la Virgen son siempre una situación de gran incomodidad para la Iglesia, porque ésta es una institución que está establecida, que tiene el poder de la mediación entre los hombres y Dios, y la irrupción de los videntes, de alguna forma, distorsiona este orden jerárquico establecido"*. La actual, y para mí presunta cautela del clero, está siendo bien recibida por los sectores más progresistas de la Iglesia, a diferencia de los más integristas, que ven en las apariciones una oportunísima llamada al tradicionalismo y al catolicismo preconciliar. *"¿Urgencia o prudencia? La mayoría de los consejeros eclesiásticos suelen decir 'prudencia', en tanto que Nuestra Señora parece insistir más en la urgencia. Numerosos cristianos están desconcertados"*, señala el Padre Laurentin.

A veces, esa aparente prudencia de la Iglesia no es otra cosa que la falta de investigación o de elementos de juicio para tomar una decisión correcta. Existen episodios aparicionistas en nuestro país —como Garabandal o Umbe— que, desde hace décadas la Iglesia asegura que están en vías de estudio y de solución. Pero ¿hasta cuándo? ¿esperan quizás a que los protagonistas fallezcan de mayores, como ya le ocurrió a la vidente Felisa Sistiaga?... Yo mismo he tenido que facilitar informes de mis propias investigaciones a algunos sacerdotes y párrocos para que pudieran informarse sobre un determinado caso que se está produciendo en su diócesis, y me solicitan que les mantenga al día sobre mis investigaciones al respecto. Por una parte entiendo que no deseen acercarse al lugar, pues dicha visita sería publicitada por los seguidores de la aparición como un apoyo eclesiástico; pero creo que al menos deberían concertar una reunión con los principales protagonistas, testigos, investigadores, periodistas, etc.

En muchas ocasiones, existen serios enfrentamientos entre el párroco del pueblo y los devotos de las apariciones. Eso lo he visto en casos como los de Gibraleón, Lepe o Pedrera, por poner algunos ejemplos. La competencia es evidente: cuando aumenta el número de visitantes en un enclave aparicionista, disminuye el número de fieles que asisten a misa. Según aseguran algunos, ver un vidente en éxtasis es más atrayente que escuchar a un cura repetir

El cardenal Ratzinger, Prefecto de la Congregación para la Doctrina de la Fé, encargado de estudiar los milagros y las apariciones de la Virgen.

MOISÉS GARRIDO VÁZQUEZ

todos los días lo mismo. Ya en 1951 y ante la oleada de apariciones, el cardenal Alfredo Ottaviani manifestó a *L'Osservatore Romano*: *"Muchedumbres de fieles se dirigen a los sitios de presuntas visiones y pretendidos prodigios, y abandonan, en cambio, la Iglesia, los sacramentos, la predicación"*. De hecho más de un párroco ha advertido con firmeza a sus feligreses en la misa matinal del domingo *"¡O con el vidente o conmigo!"*; aunque ahora la Iglesia dice tenerlo más claro que antes: *"Más vale equivocarse por un exceso de severidad, que por un exceso de facilidades"*.

Lo cierto es que no resulta nada fácil evitar estos movimientos de fe popular. Y es que el creyente, en lo más profundo de su ser, desea tener un encuentro con lo sobrenatural, sentir cerca la presencia de María y de su hijo Jesús, y eso cree poderlo conseguir asistiendo a un paraje aparicionista. A pesar de que vivimos en plena era tecnológica, el sentido de lo "maravilloso" no se ha perdido todavía, aunque la Iglesia intente tenerlo bajo su control para disponer de él cuando mejor le parezca.

Revelaciones públicas y privadas

"NADA HAY QUE PUEDA AÑADIRSE AL DEPÓSITO DE LA FE. Cualquier aparición, revelación o manifestación de apariencia más o menos carismática que pretendiese añadir algo a este Depósito, estaría ya, por eso mismo, juzgada y condenada". Hace ya varias décadas que el sacerdote jesuita Ramón Mª Andreu escribió estas palabras, pero a día de hoy todavía tienen vigencia. La Iglesia muestra cada vez más recelo en vista de tantos "iluminados" o "visionarios" que aseguran recibir mensajes de la Virgen u otras "huestes celestiales", aunque al mismo tiempo sigue elevando a los altares a santos y místicos, y considerando como "milagros" hechos que no lo son. Al menos, desde la jerarquía eclesiástica ya se va aceptando la importancia que tiene estudiar estas cuestiones no sólo desde la teología, sino principalmente, desde la psicología, parapsicología, medicina, sociología y la antropología. De hecho y para no pillarse los dedos, la Iglesia no se atreve actualmente a pronunciarse sobre un determinado caso aparicionista hasta que un comité de expertos no aporte con anterioridad su veredicto sobre el caso.

Por otra parte, la Iglesia considera que las "revelaciones públicas", que finalizaron con el *Libro del Apocalipsis* de San Juan, son las que deben ser acogidas por el creyente. Pertenecen a la dogmática católica. Las revelaciones posteriores, las llamada "privadas", no aportan nada nuevo y solo vienen, dicen, a poner el Evangelio ante nuestros ojos. Por eso no son dogma de fe. Ya, Santo Tomás de Aquino, en su *Summa Theologiae*, despeja cualquier duda al respecto: *"Nuestra fe se apoya en la Revelación hecha a los Apóstoles y Profetas que escribieron libros canónicos; pero no en la revelación hecha a otros doctores, si es que hubo alguna"*. El propio San Juan de la Cruz, quien tuvo frecuentes experiencias místicas, en su "ascensión al Monte Carmelo", aconseja incluso que evitemos este tipo de visiones y apariciones porque no tenemos pruebas de que sean ciertas y además porque no añaden nada sustancial a lo revelado en las Sagradas Escrituras. Algo parecido advierte el teólogo seglar Enrique Miret Magdalena: *"Los milagros no son concluyentes desde el punto de vista apologético, sino solamente para la fe cristiana que ya se tiene"*.

En cierta ocasión me encontré en El Palmar de Troya al sacerdote Juan José Estébanez, párroco de Revilla de Camargo (Cantabria) y ferviente defensor de Garabandal. Aproveché para entrevistarle y conocer su opinión sobre la postura que la Iglesia debe tomar frente a estas revelaciones privadas. *"La Iglesia no tiene ningún derecho, y yo diría que ningún deber, de aprobar ninguna apa-*

El Vaticano ha usado siempre las presuntas Apariciones Marianas como más le ha convenido, aunque pretenda dar una imagen de prudencia frente a dichos asuntos.

rición privada porque la historia de la Iglesia está repleta de apariciones privadas —me responde con firmeza-. Por tanto, la Iglesia no se puede dedicar a aprobar todas esas apariciones. Sólo cuando se da cuenta que un vidente se ha desviado del Evangelio de Jesús, como no concuerda la aparición privada con la aparición pública, debe decir que esa aparición privada es falsa…".

Para mantener un buen discernimiento en materia aparicionista, en febrero de 1978 el Vaticano pone a disposición de todos sus obispos un documento que lleva por título *Normas de la Sagrada Congregación para la Doctrina de la Fe sobre la manera de proceder para juzgar presuntas apariciones y revelaciones privadas*. En él se aclara que si una aparición sigue su curso positivamente, por el camino ya marcado de la fe, y produce buenos frutos, el obispo de la diócesis podrá autorizar el culto, pero no pronunciarse sobre la autenticidad de la aparición. Deberá redactar un informe recogiendo todo el proceso de la investigación llevada a cabo por una comisión de estudio con especialistas de diversas disciplinas (teólogos, médicos, psicólogos...). Si el informe –que contendrá datos sobre el vidente, la visión, los milagros, las conversiones, etc– dictamina la probable autenticidad del caso, deberá ser remitido a Roma para que las autoridades vaticanas emitan sus conclusiones o sometan el caso a nuevos análisis. La *Congregación para la Doctrina de la Fe*, que preside el cardenal Ratzinger, será la que tenga la última palabra, ratificando o no la aprobación al culto y su reconocimiento litúrgico. Y ésto es lo que supuestamente se viene haciendo desde que se redactó el documento hace más de 25 años. La Iglesia evita así caer en posibles errores consciente de que, tras muchas apariciones, está el fraude, la superchería, el móvil económico o cuestiones que lindan con lo psicopatológico. Si aprobara oficialmente una aparición que con el tiempo se demostrase que era falsa, sería humillante para la jerarquía eclesiástica a la que, además, le lloverían tremendas críticas. Por eso me atrevo a decir que si Fátima y Lourdes hubiesen ocurrido actualmente, no tendrían el mismo reconocimiento eclesiástico que tuvieron en su día. El tratamiento de ambos sucesos hubiese sido muy distinto, y ni mucho menos habrían alcanzado la popularidad que han

Imagen del rostro de la Virgen que se le apareció a la vidente Felisa Sistiaga el 25 de marzo de 1941 (Umbe, Bilbao).

cosechado a lo largo del tiempo. Y es que una aparición, no lo olvidemos, está muy determinada por el ambiente social, político y religioso de la época en que acontece. Una aparición depende, por tanto, de muchos factores extrínsecos para que perdure o desaparezca.

Hasta la fecha las únicas apariciones que la iglesia Católica ha aprobado su culto son las del Pilar (40 d.C.); Rue de Bac (1830), La Salette (1846), Lourdes (1858) y Pontmain (1871) en Francia; Fátima (1917) en Portugal; Beauraing (1932) y Banneaux (1933) en Bélgica; Siracusa (1953) en Italia; Akita (1973) en Japón; y Finca Betania (1976) en Venezuela. Estas son las once apariciones que están, como hubiese dicho San Pío X, *"permitidas como piadosamente creíbles con fe solamente humana"*. Insistimos en que el Magisterio de la Iglesia jamás ha manifestado que en estos lugares se haya aparecido la Virgen María en cuerpo o en alma. La realidad de tales apariciones nunca han sido definidas por los pontífices, aunque haya teólogos y sacerdotes pro-aparicionistas que consideren que el poder de infalibilidad de la Iglesia debería extenderse al juicio sobre la veracidad de estas manifestaciones privadas.

La prudencia es sumamente necesaria en casos tan subjetivos como el de las apariciones marianas. De hecho, hay personas que han sido canonizadas cuyas "visiones" o presuntos "milagros" flotan en un mar de dudas. C. M. Staehlin lo precisa cuando escribe que *"la heroicidad en virtudes no implica la*

Clemente en pleno éxtasis mostrando los estigmas en la mano y una cruz sangrante en la frente.

autenticidad sobrenatural de ciertos fenómenos extraordinarios y no pocas santas cano-nizadas tuvieron visiones, audiciones y revelaciones ciertamente ilusorias". Por eso, algunos eruditos como el teólogo dominico Melchor Cano no le da la más mínima importancia teológica a las revelaciones privadas: *"No conciernen a la fe católica y no pertenecen al fundamento y principio de la doctrina eclesiástica, es decir, de la verdadera y auténtica teología, porque la fe no es una virtud privada, sino común".*

La fe mueve montañas... de dinero

LOS CASOS DE FÁTIMA Y LOURDES, como veremos más adelante, han sido utili-zados por la Iglesia hasta sus últimas consecuencias. Ambos son claros ejem-plos de cómo la jerarquía eclesiástica ha usado las presuntas apariciones de la Virgen, no sólo como propaganda católica, sino como un rentable negocio. Los santuarios marianos arrastran a millones de peregrinos todos los años y, a su vez, obtienen sustanciosos dividendos. ¿Quién duda hoy de que Fátima y Lourdes son dos multinacionales de la fe que han enriquecido considerable-mente las arcas del Vaticano?...

Cuando a la Iglesia le ha interesado, ha fomentado determinados "mila-gros", asociados o no a apariciones marianas, con el fin de convertir ciertos lugares en focos de peregrinación. Guadalupe, en México, es hoy uno de los santuarios marianos más visitado del mundo con 15 millones de peregrinos al año. Poco importa que la historia del indio Juan Diego tenga todos los indi-cios de ser una leyenda. Fátima y Lourdes, atraen a casi 6 millones de fieles. Nápoles, en su catedral, tiene como anzuelo para atrapar peregrinos la más que dudosa sangre de San Genaro, que se licua tres veces al año. En Turín, se halla la famosa y polémica Síndone que envolvió el cuerpo de Cristo. Hasta allí peregrinan millones de creyentes cuando se expone públicamente la vene-rada reliquia. En San Giovanni Rotondo descansan los restos del reciente-mente canonizado Padre Pío, famoso estigmatizado. El santuario de esta loca-lidad italiana es frecuentado por más de 8 millones de católicos. Es curioso que la figura del Padre Pío, tan desacreditada en vida por el Santo Oficio, sea hoy exaltada hasta el paroxismo. Pero lo cierto es que San Giovanni Rotondo se ha convertido en una floreciente ciudad turística que cuenta con un cente-nar de hoteles, y en la que, en la actualidad, se está construyendo una enor-me basílica cuya capacidad será para 10.000 feligreses.

Y no hablemos de las imágenes religiosas que lloran o sangran sin causa aparente. En 1995, se desató toda una epidemia de casos de este tipo después de que una estatua de la Virgen, traída de Medjugorje –célebre lugar de aparición–, llorase sangre en Civitavecchia. Como era de prever, oleadas de fieles brotaron sedientos de milagros. *"Vendrán peregrinos... Vendrán paralíticos en sillas de ruedas. Tenemos que acondicionar esto. Puede desbordarnos. El alcalde de Civitavecchia es comu-*

Imagen de los *Comentarios al Apocalipsis del Beato de Liébana*. Todas las apariciones marianas contienen profecías que advierten del posible fin del mundo.

nista y se ha ofrecido a construir un santuario. El Papa está informado y sigue con interés el curso de las pruebas de la Madonnina...", manifestó con entusiasmo Pablo Martín Sanguiao, párroco de Sant Agostino y custodio de la estatuilla.

Con todo ello Juan Pablo II, como si de un recurso de última instancia se tratara frente a una sociedad cada vez más secularizada, ha alimentado más que nunca la fe católica a base de videntes marianos, místicos, milagreros y estigmatizados. De hecho, si consultamos los milagros de los "iluminados" que recientemente han sido elevados a los altares veremos que, una vez analizados en profundidad tienen muy poca base para ser considerados como tales. Es más, muchos de sus datos hagiográficos son meras leyendas o historias maquilladas y adaptadas al más cerril catolicismo. En la obra *La Caída del Imperio Vaticano*, sus autores, J. Blaschke, J. M. Ibáñez y P. Palao, señalan que *"según Teófilo Gay, la Iglesia con los milagros tiene varias pretensiones y cree que éstos le son necesarios para la 'canonización de los santos, para hacer dinero, para sostener sus herejías, para convertir a los herejes y mantener a los supersticiosos"*.

Las niñas de Garabandal corren en éxtasis tras la Virgen cuando se despide de ellas. Pueden verse sus caras arrobadas mirando hacia el cielo.

En suma, vemos que se ha desarrollado toda una poderosa industria mercantilista en torno a los milagros en general, y las apariciones de la Virgen en particular. Y la Iglesia sabe que esos 100 millones de peregrinos que anualmente acuden a los santuarios católicos son una buena fuente de ingresos. Si volviera Jesús, en esa segunda venida tantas veces anunciada por los "visionarios", supongo que esta vez emplearía el látigo con los mercaderes que están dentro del templo (léase Vaticano).

CAPÍTULO 3

Inconsciente, psicodrama y alucinaciones

"Los fenómenos maravillosos –apariciones, estigmas, mensajes, etc.– admiten todos ellos una múltiple interpretación causal ya que pueden tener su origen en Dios, en el demonio, en las fuerzas psíquicas naturales o en el fraude más o menos consciente".

CARLOS Mª STAEHLIN, jesuita español

La importancia de la psique

EL 19 DE SEPTIEMBRE DE 1992 tuve la ocasión de entrevistar al Padre René Laurentin, aprovechando su asistencia como ponente al XI Congreso Mariológico que se celebró en Huelva. Su conferencia, además, llevaba por título *Las apariciones en la vida actual de la Iglesia*. Aún sabiendo que es un defensor acérrimo de las apariciones marianas y un sacerdote de ideologías conservadoras, quise interrogarle sobre el factor psíquico y subjetivo de estas experiencias visionarias. Me miró fijamente y después de unos segundos me respondió: *"Es cierto, ese es un problema difícil... La psicología del hombre puede realizar proyecciones. En las auténticas apariciones, el vidente recibe un don de Dios, pero lo interpreta y lo comunica de acuerdo a su psicología. No es fácil discernir lo que es parte del vidente y lo que es parte de Dios..."*. En su respuesta, aunque algo discreta, reconocía al menos la importante implicación que tiene el psiquismo humano en estos casos, así como la dificultad que existe para discernir la naturaleza de esas visiones.

Aunque personalmente me decanto por las fuerzas psíquicas naturales o el fraude más o menos consciente como posibles explicaciones, no niego que ocasionalmente ocurran fenómenos de etiología parapsicológica producidos por el vidente durante el trance, o bien por el grupo allí congregado —fenómeno polipsíquico—. Esta cuestión la abordaremos en el próximo capítulo. Pero por el momento vamos a profundizar en la psicología de los visionarios aparicionistas que, aunque tienen muy poco de místicos —en el sentido estricto de personajes como San Juan de la Cruz o Santa Teresa—, puede que tengan algo en común con éstos. Recordemos que en enero de 1996, el Dr. Esteban García-Albea, neurólogo y profesor de la Universidad de Alcalá de Henares, presentó un trabajo sobre la mística de Ávila en el que concluía que sus éxtasis eran causados por ataques epilépticos, una patología conocida como "epilepsia extática".

¿Mundo celestial o mundo imaginal?

AÚN SIENDO LAS APARICIONES MARIANAS un fenómeno imaginario, como yo más bien lo creo, están cumpliendo una determinada función. Si carecen de una realidad objetiva, ¿qué importa? Su efecto sigue siendo el mismo que si la tuviesen. Pero no quiero que se malinterpreten mis palabras. Cuando hablo de "imaginario" no me refiero a algo ficticio. Lo "imaginario" puede ser tan real como lo es el mundo físico. El psicólogo Carl Jung lo dejó bien claro en sus obras. Lo imaginario surge de la actividad de la psique, por tanto, hablaríamos de una "realidad psíquica" contenida en estas experiencias visionarias. Refiriéndose, precisamente, a ese mundo imaginario al que acceden los visionarios, el investigador Henry Corbin nos aclara: *"Ese mundo está escondido detrás del acto mismo de la percepción sensorial y hay que buscarlo por debajo de su aparente certidumbre objetiva. Por esa razón, definitivamente no podemos calificarlo como imaginario en el sentido corriente de esta palabra, es decir, irreal o no existente. El mundo imaginal es ontológicamente tan real como el mundo de los sentidos y el del intelecto".*

Tratándose en ese caso de una "realidad" creada por nuestra mente individual o colectiva –arquetipos proyectados por nosotros mismos–, tiene que tener un carácter reorientativo. Puede que sea un aviso, un *SOS* lanzado por nuestro inconsciente para alertarnos de lo que ocurre dentro de nuestro ser. No resulta por tanto casual que las apariciones marianas proliferen en momentos de crisis sociales, de revueltas políticas, en períodos bélicos o cuando la sociedad está más desapegada de lo espiritual. *"En tales tiempos de tensión –apunta Scott Rogo–, puede ocurrir alguna forma de comunicación telepática en masa en el inconsciente colectivo de la cultura amenazada. Ello llevaría a la formación de una 'mente grupo' que, a su vez, diera como resultado la proyección de una aparición de la Virgen. La aparición no es entonces sino el eco o el resultado de las preocupaciones de la gente que la proyecta".*

Carl Jung, renovador de las teorías de Freud, nombró como inconsciente colectivo un mundo onírico donde puede suceder cualquier tipo de alucinación, incluidas las colectivas.

47

¿Personalidad disociada?

PARA MÍ, EL ANTERIOR PLANTEAMIENTO es muy acertado, aunque también podría existir una disociación del yo, y más aún, en condiciones de soledad y de aislamiento sensorial como las que viven los pastores o gentes que habitan en lugares muy retirados y que, como sabemos, son protagonistas en muchas ocasiones de visiones de carácter religioso. La respuesta disociativa actuaría como medio psicológico de defensa. El investigador Dennis Stillings apunta que"...*esta condición se manifiesta y se compensa por medio de una alucinación en la cual oímos que nos llaman por nuestro propio nombre. De este modo el inconsciente nos devuelve la identidad: la reafirma por medio del nombre*". Ahora bien, esas tendencias disociativas pueden abrir las puertas a otras realidades no ordinarias. *"Al disociarse, el sujeto es más propenso a 'sintonizarse' con otras realidades donde pueda sentirse seguro temporalmente, independientemente de lo que le esté sucediendo a su cuerpo. De esta manera, la disociación proporcionaría directamente un acceso relativamente fácil a las realidades alternativas no ordinarias"*, aventura Kenneth Ring.

Por ejemplo, Bernadette Soubirous, la vidente de Lourdes —a la que el doctor Voisin, del Hospital de la Salpêtrière, la calificó de "niña alucinada"—, pudo fabricar inconscientemente un encuentro extraordinario con lo divino y, tras sumergirse en esas otras realidades alternativas, utilizar la visión arquetípica de la Virgen, que se ajusta perfectamente a sus creencias, como foco en el que proyectar sus deseos y del que obtener un beneficio personal. Y es que el consuelo que reporta una visión celestial para un creyente católico que sufre una enfermedad incurable, soledad, frustración, incomprensión o cualquier otro conflicto interno, puede ser enorme. Sentirse, de improviso, elegido por las "huestes celestiales" y actuar de portavoz de la Virgen, hace aumentar la autoestima, la fuerza de voluntad, la extroversión e incluso poner en marcha mecanismos psíquicos y emocionales que antes estaban prácticamente dormidos. Es, sin duda, un don compensatorio. Hay otra importante recompensa: el reconocimiento público. El vidente adquiere de la noche a la mañana un carisma que de ningún otro modo hubiese conseguido debido a su desfavorable situación social, cultural o económica. La vidente de Lepe, pasa de ser una humilde curandera del pueblo a la más visitada de la comarca tras tener reiteradas visiones de la Virgen. La niña vidente de El Repilado, que pasaba desapercibida entre sus compañeros de clase y que no obtenía buenos resultados escolares, se convierte tras sus visiones en alguien admirado por miles de personas procedentes de toda España, siendo reclamada por muchos medios de comunicación. Amparo Cuevas, una incansable asistenta de hogar, con problemas de salud, familiares y económicos, y que en su infancia sufrió continuos malos tratos, se transforma en una célebre vidente mariana y profeta que, con la ayuda y protección de sus innumerables acólitos, convierte Prado Nuevo de El Escorial en una especie de Fátima español. En opinión de Hilary Evans, *"la entidad puede servir como una exteriorización de la preocupación del perceptor: un chivo emisario de su ira contra la sociedad o su sensación de ser un fracasado, un símbolo de todo lo que él detesta o anhela, una proyección de sus dudas o dificultades. Al darle a eso una forma tangible fuera de sí mismo, él se enfrenta con su problema, o se disocia de él, o lo reduce a una forma en la que cree poder manejarlo; la motivación diferirá según sus circunstancias inmediatas, pero el proceso es el mismo".* Así pues, la hipótesis del psicodrama puede ofrecernos la respuesta, si no de todas, sí al menos de un buen número de visiones religiosas.

Estigmas: ¿"Signum Dei"?

HAY QUE TENER EN CUENTA TAMBIÉN que existe un marcado afán de exhibicionismo en la psicología del vidente aparicionista. Los estigmas o marcas en la piel que reproducen las heridas de la Pasión y Crucifixión de Jesucristo, en caso de que sean un fenómeno que se origina mediante procesos psicosomáticos como así suponemos –aquellos que no son fraudes intencionados, claro está–, cumplirían una función muy concreta en los llamados "místicos psicodramáticos": atraer la atención. Como asegura Francisco Alonso Fernández, Catedrático Emérito de Psiquiatría y Psicología Médica por la Universidad Complutense de Madrid, *"dentro del complejo mundo del misticismo los estigmas destacan como el fenómeno más extraordinario, sorprendente y dramático. El fenómeno que llega a todos. El fenómeno que a todos capta".* Si el estigmatizado tiene esa necesidad de estimación, comportándose además de forma histriónica –con movimientos convulsivos, posturas inverosímiles, gesticulaciones infantiles, etc.– ¿podríamos estar hablando de psicopatías de carácter histérico? En *Estigmas, levitaciones y éxtasis,* una obra que consideramos imprescindible, el Dr. Alonso Fernández escribe: *"Toda esta serie de manifestaciones motoras resulta muy interesante y significativa por-*

que son elementos de dramatismo patológico, en los límites de la histeria o claramente histéricos".

El jesuita Herbert Thurston, autor del documentado ensayo *Los fenómenos físicos del misticismo*, ya había llegado a la misma conclusión muchos años antes: *"Todos los estigmatizados sufren de una acentuada y a veces extravagante neurosis histérica".* De hecho, hay un detalle que no se puede pasar por alto. Y es que al igual que en la histeria, en la estigmatización también se da un mayor núme-

Los fieles de Prado Nuevo de El Escorial aguardan al amanecer la "danza solar".

ro de mujeres que de hombres –en una proporción de siete a uno–. En un interesante trabajo titulado *Estigmas, fenómeno histérico* (Revista de Parapsicología, nº 21, C.L.A.P.), su autor, el especialista José Lorenzatto, manifiesta: *"Parece ser que aquello que predispone más para la recepción de estigmas no es una virtud extraordinaria, sino alguna forma de susceptibilidad nerviosa, más frecuente entre las mujeres que entre los hombres".*

Asimismo, en los estigmatizados se aprecian trastornos disociativos y de conversión –estados crepusculares, delirios alucinatorios, desintegración del yo, pérdida de la conciencia del entorno, pseudodemencias, etc–. El estigmatizado, a pesar del dolor que puedan ocasionarle sus heridas, vive con sumo placer la experiencia y goza cuando los demás le rodean y participan de su sufrimiento. Siente haber sido obsequiado por una gracia divina. De hecho, el Dr. Alonso Fernández asegura que *"su hilo biográfico está salpicado de tendencias orientadas hacia el masoquismo y el psicodramatismo, con una gran abundancia de mecanismos y rasgos neuróticos".* El cristianismo cristocéntrico, con toda su tremenda carga masoquista –inculcándonos la idea del sacrificio y el dolor para alcanzar la salvación–, encuentra su mejor medio de expresión en la figura del estigmatizado, al reproducirse en sus propias carnes el tormento agónico sufrido por Jesús en la cruz antes de morir.

Pero además de los estigmas espontáneos, hay otros artificiales. Unos autoprovocados involuntaria e inconscientemente –durante el sueño, por automatismos, procesos disociativos...–, siendo éstos los más abundantes y conocidos con el nombre de "estigmas patomímicos"; y otros autoprovocados voluntaria y conscientemente, y que son los "estigmas simulados".

En algunos núcleos aparicionistas, hasta han surgido varios estigmatizados –el contagio psíquico es frecuente en sucesos de esta naturaleza–, como en el caso de El Palmar de Troya (Sevilla), donde el ambiente emocional de fervor y de hipersugestionabilidad de los primeros años, la atmósfera casi medieval y apocalíptica, así como el hecho de que los palmarianos eligiesen como protector espiritual al Padre Pío –célebre estigmatizado italiano recientemente canonizado– sirvieron como detonante psicodramático para que, entre los videntes, aparecieran nada menos que siete estigmatizados, un número que no se ha repetido en ninguna otra aparición mariana. De estos, algunos podrían ser auténticos, como Mª Luisa Vila o María Marín –cuyos estigmas serían espontáneos o bien patomímicos–; y otros, en cambio, impostores, como Clemente Domínguez –estigmas simulados–.

El falso estigmatizado se auto inflige las heridas buscando un beneficio personal, –lucrativo, megalomaníaco, demostrar la veracidad de sus visiones...–. En una ocasión, fuimos testigos de cómo Trinidad Eugenio, la vidente de Lepe, poco antes de su éxtasis, intentaba provocarse una herida en la palma de su mano, raspándose con el propio rosario que sostenía, aunque posiblemente escondía un pequeño alfiler. Cuando vio que la estábamos enfocando con nuestra videocámara, desistió continuar en lo que podía haber sido un descarado fraude deliberado. Otro caso fingido fue el de una joven onubense que presentaba llagas en las palmas de la mano. Su madre, angustiada, vino hasta mí para mostrarme las fotos de las manos ensangrentadas de su hija. Cuando tuve la ocasión de conocer a la joven, ver sus estigmas, entrevistarla, y entrevistar con gente de su entorno, pude averiguar que aquella historia no era más que un fraude con fines lucrativos. Tanto madre como hija atravesaban un bache económico y pretendían pasearse por los medios de comunicación mostrando el "prodigio" con el fin de obtener dinero. Estaban incluso planeando abrir una consulta para sanar a enfermos imponiéndoles las manos tocadas por la "gracia de Dios"...

Dudosas resultan también, al menos para mí, las estigmatizaciones de Amparo Cuevas. Sus protegidos siempre han rechazado cualquier posibilidad para hacer un exhaustivo análisis científico y poder determinar su naturaleza. *"Lo más oportuno sería mantener en observación a la señora, ingresada unos días, para completar su exploración y las circunstancias en que aparecen los estigmas"*, sugería hace veinte años el Catedrático de Dermatología Antonio García Pérez. Pero hasta la fecha no se ha conseguido. *"La oposición del psicogrupo 'ampariano' a los estudios estrictamente científicos sobre Amparo y sus fenómenos, se ha vuelto cada vez más absoluta"*, apunta el Dr. Alonso Fernández. Y por experiencia, sabemos que allí donde se ponen obstáculos para realizar una determinada investigación es porque hay gato —o fraude— encerrado. Y ya no hablemos de engaños tan groseros como los casos de Denia (Alicante) y El Higuerón (Sevilla), cuyas respectivas pseudovidentes presentaban estigmas pintados con mercromina, rotulador, etc.

Carmen López con los estigmas en sus manos.

Por otra parte el hecho de que no existan dos casos de estigmatización iguales nos llama poderosamente la atención. Nos encontramos con marcas, erosiones, excoriaciones, úlceras, cortes rectos y curvos, heridas superficiales y profundas... Además, no todos los estigmatizados presentan al completo las llagas de las manos, los pies y el costado. Por lo contrario hay quienes muestran estigmas en la frente imitando las heridas de la corona de espinas (Louise Lateau), o en la espalda, reproduciendo las cicatrices de la flagelación (Gema Galgani). Otros lloran y sudan sangre (Teresa Neumman). Más insólitos resultan los estigmas simbólicos figurativos, como por ejemplo, una cruz surgida en las manos (Natuzza Evolo), en la frente (María Concepción) o en el pecho (Catalina Emmerich); o los estigmas simbólicos epigráficos, que serían letras o palabras. Tampoco hay unanimidad en cuanto al tiempo y duración. Unos sufren sus crisis de manera permanente, mientras otros lo hacen de forma esporádica, o en determinadas fechas religiosas (Viernes Santo, Corpus Christi...).

Estas diferencias tan significativas vienen a respaldar la idea de que más que un milagro, la estigmatización es un fenómeno que tiene mucho que ver con el mundo psico-emocional del sujeto, como en su día defendía Herbert Thurston –él hablaba de "complejo de crucifixión"–. Y más aún cuando se sabe que, según las costumbres romanas, Jesús fue clavado en la cruz por las muñecas y no por las palmas de las manos, ya que entonces se desgarraría la carne. Esa ha sido una imagen ideada por pintores y escultores, quedando impresa en nuestro inconsciente. De ahí que los estigmatizados presenten las marcas en dichas zonas. Por otra parte, no existen datos fidedignos de sí la herida del costado fue producida en el lado derecho o izquierdo; de ahí que nos encontremos con estigmatizados que la tienen en un sitio u otro coincidiendo, casualmente, con la imagen que veneran.

Como vemos, las creencias del propio individuo influyen sobremanera en la ubicación y formas de los estigmas. No está de más recordar que fuera del contexto católico, también hay estigmatizados. Por ejemplo, entre los musulmanes hay místicos que reproducen en sus carnes las heridas sufridas por Mahoma durante la batalla. En el contexto demonológico nos encontramos con la "sigillum diaboli" –señal del diablo–, que eran marcas, manchas o extraños símbolos satánicos que aparecían en los cuerpos de posesos y brujas. En el ámbito de la Parapsicología, se estudia las llamadas dermografías, grafismos que aparecen en la piel de una persona por la acción psi, bajo trance hipnótico, etc. Y en el complejo mundo de los OVNIs, algunos abducidos —y los que sufren los episodios conocidos como "visitantes de dormitorio"—, suelen presentar cicatrices o rasguños producidos durante sus encuentros con los supuestos alienígenas...

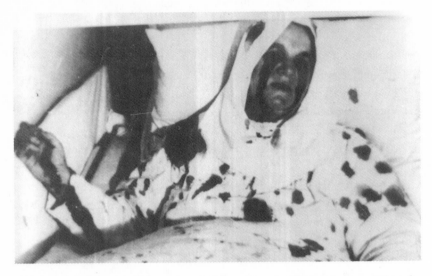

La visionaria Theresa Neumann sufrió los estigmas a lo largo de su vida y de forma muy espectacular.

Por tanto, cabe pensar que los estigmas sean, con total seguridad, un fenómeno psicofisiológico. Teniendo en cuenta que la piel es muy sensible y está influenciada por nuestro estado psíquico y emocional, ¿qué mecanismos podrían desencadenar una estigmatización? La cuestión nos la aclara el propio Dr. Alonso Fernández:

"El mundo de los estigmas religiosos se ha enriquecido considerablemente con la incorporación de los estigmas psicosomáticos, originados fundamentalmente por la identificación emocional del estigmatizado con algún agente religioso cristocéntrico, tal vez con el mismo Cristo, o por la participación afectiva en la Pasión de Cristo, a través por lo general de un mecanismo vegetativo vasomotor o trófico (...) Una emoción religiosa de identificación o de participación es el factor psíquico responsable de los estigmas hoy calificados como psicosomatosis cutánea o dermatosis psicosomática".

Hace veinte años, el parapsicólogo Scott Rogo, sin descartar un posible factor paranormal en algunos casos –causas psicocinéticas–, ya consideraba plausible la explicación psicoemocional para la mayoría de los estigmas: *"Parece razonable afirmar que un asceta, en plena contemplación mística e identificado con la figura de Cristo crucificado, pueda, por medio de un control autógeno inconsciente, provocar la hinchazón y rotura de pequeños vasos sanguíneos bajo la piel y causar hemorragias superficiales a través de ésta".*

Dejando a un lado los abundantes casos de picaresca o fraude, y a modo de conclusión, sólo cabe decir que el fenómeno de los estigmas considerado como prueba de santidad desde que floreciera en el siglo XIII con San Francisco de Asís, tiene hoy en día una explicación natural y científica gracias a los estudios realizados por la joven rama de la medicina llamada Psicodermatología.

"¡El Sol se mueve! ¡Milagro!"

EN DOS OCASIONES HE ESTADO PRESENTE en lo que se conoce como la "danza solar", uno de los supuestos prodigios celestes más anhelado por los seguidores aparicionistas. Una vez fue en El Escorial (Madrid), y otra en Gibraleón (Huelva). Aunque los

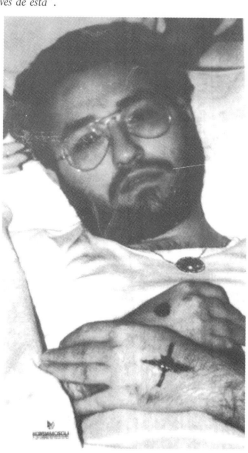

Algunos contactados por extraterrestres también tienen presuntas visiones religiosas y hasta estigmas, como es el caso del italiano Giorgio Bongiovanni.

fervientes devotos, terriblemente sugestionados y expectantes desde días anteriores, creyeron haber presenciado un hecho sobrenatural, ni que decir tiene que en ambos casos el astro rey permaneció en su sitio en todo momento. Los creyentes se dejaron llevar por la carga emocional que se respiraba en el ambiente. Y no entraban en razones. Inútiles fueron mis razonamientos para aquellas personas que estaban cerca de mi. Los gritos de histeria y las escenas de fanatismo religioso se sucedieron en ambos casos.

En El Escorial, el gentío esperaba a que amaneciera, pues se aseguraba que habrían "manifestaciones divinas" en el Sol. Cuando el astro-rey hizo su aparición por el horizonte, ya comenzaron las primeras voces a asegurar que veían maravillosas luces multicolores. No tardaron en surgir comentarios que se referían al rostro de Jesús, a la imagen de la Virgen, a un corazón, a una corona de espinas, a una cruz o a cualquier otro símbolo religioso que puedan imaginarse... La histeria colectiva se fue adueñando de la muchedumbre a pesar de que nadie se ponía de acuerdo en lo que veían reflejado en el Sol. ¡Qué más da! Para esas personas lo importante es recibir la gracia divina de ver algo que trascienda a las cosas mundanas, y si eso les hace más felices, pues estupendo. También en nuestra tierna infancia creíamos en los Reyes Magos, y eso nos hacía muy felices. Sin embargo, el momento de la amarga verdad llegaba y dejábamos atrás nuestra tierna etapa infantil. Lamentablemente con los seguidores aparicionistas eso no es así; por mucho que intentes explicarles racionalmente la amarga verdad de la "danza solar", ellos no la aceptan. Prefieren mantener sus mentes en la etapa infantil, e irse alegres hacia sus casas después de ver tantas "maravillas" en el Sol. Pero esas maravillas tienen realmente un nombre: ilusión óptica. Así de sencillo. Lo que vimos en El Escorial no fue ningún prodigio, aunque ver amanecer siempre es algo fantástico. Es un hecho normal que, tras observar durante cierto tiempo el Sol, terminemos con la retina impregnada de luz y comencemos a ver manchas, colores, etc. Entonces el astro parece que se deforma, que se mueve y balancea, e incluso que cambia de tonalidad e intensidad. La alta sugestionabilidad y el contagio psíquico ya hacen el resto. ¿Necesidades religiosas?, ¿delirios alucinatorios?... Por desgracia en los lugares aparicionistas nos encontramos con muchos episodios que encajan en lo que en psiquiatría se conoce como "ilusiones catatímicas", momentos en los que nuestra percepción se deforma a causa de una fuerte carga afectiva.

Algo parecido fue lo que se vivió en Gibraleón (Huelva) durante la tarde del 13 de octubre de 1991. Alrededor de 1500 personas esperaban impacientes a que se produjera el "milagro solar" anunciado un mes atrás por Mª Carmen Pérez, la vidente del lugar. Sólo quedaba aguardar el momento en que Mª Carmen cayera en éxtasis y confirmara el "prodigio celestial". Y como si de una profecía se tratara, el suceso no se hizo esperar. A los pocos instantes

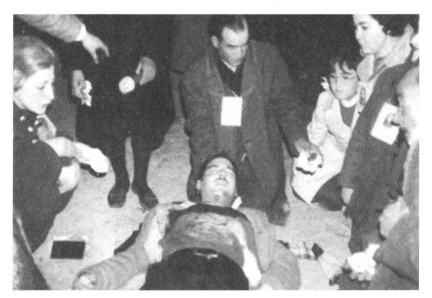

Clemente Domínguez sangrando abundantemente en el pecho durante uno de sus éxtasis.

y por boca de la vidente, la Virgen solicitaba que miráramos al Sol. Entonces la histeria se desató. Los presentes gritaban mientras aseguraban eufóricamente que el Sol cambiaba de tonalidad y giraba sobre su propio eje. Como en El Escorial, los testimonios eran de nuevo dispares: manchas rojas dentro del astro rey, luces amarillas, cruces y coronas... A mi juicio no hubo nada extraordinario que me hiciera pensar en un hecho sobrenatural. La esfera solar podía verse perfectamente, sin que nos dañásemos las retinas ya que el cielo estaba completamente nublado, actuando las nubes a modo de filtro. Asimismo, tomé como referencia una montaña lejana y pude constatar que el Sol no se desplazaba velozmente como afirmaron algunos, sino que eran las nubes las que lo hacían a consecuencia del viento. Era un simple efecto óptico. El aumento y disminución de la luz solar, dependía también de la densidad de las nubes que pasaban delante. Para buena parte de la gente, habíamos asistido a un evento celestial. Para un servidor, y quienes me acompañaban, se trató tan sólo de una alucinación colectiva potenciada por el alto grado de sugestionabilidad y predisposición que reinaba en el ambiente.

Ilusiones catatímicas, alucinaciones visuales, fantasías paranoicas, delirios pseudomísticos, trastornos disociativos, estados crepusculares, pseudoausencias, histeria colectiva... ¿Dónde están los auténticos milagros? ¿Qué hay realmente de sobrenatural en todas estas historias? Quizás en el siguiente capítulo lo averigüemos...

En esta fotografía tomada en El Escorial, y que solo muestra el reflejo del Sol sobre la lente de la cámara, los seguidores aparicionistas creen ver la silueta de la Virgen.

CAPÍTULO 4

¿Milagros o fenómenos anómalos?

"...decir que el fenómeno es raro, rarísimo, no es lo mismo que demostrar que sea milagroso"

HERBERT THURSTON

HERBERT THURSTON AFIRMABA ESTO RESPECTO A LOS ESTIGMAS. Pero se puede hacer extensible a los restantes fenómenos que presuntamente ocurren en los parajes aparicionistas. Y son muchos, según los propios protagonistas y testigos. Xenoglosia, levitación, osmogénesis, clarividencia, precognición, bilocación, fotogénesis, hiperestesia, paralgesia, parabiotermia, materializaciones, curaciones extraordinarias... fenómenos que en este contexto son catalogados instantáneamente de milagros. Pero ¿qué pasa si estos mismos fenómenos los encontramos fuera del ámbito religioso? ¿Dónde quedaría la aparente sobrenaturalidad de tales hechos?...

¿Videntes marianos o paragnostas?

LOS SEGUIDORES APARICIONISTAS, que desconocen las capacidades de la psique humana y los fenómenos que se pueden manifestar bajo los estados modificados de conciencia, corren el riesgo de equivocarse al etiquetar un fenómeno como milagroso, por el simple hecho de ser un suceso inusual o extraordinario, incomprensible para nuestra lógica. Pero si estudiaran lo que ocurre en otros contextos, lo que son capaces de hacer algunos paragnostas bajo determinadas circunstancias psíquicas, caerían en la cuenta de lo sospechoso que resulta que la Virgen se manifieste para reproducir fenómenos que para nada son exclusivos de las apariciones marianas. ¿Tendría la Virgen necesidad de plagiar fenómenos que se repiten en otras culturas o en contextos como el espiritista, el chamánico, etc? ¿No será, por tanto, que cuando el vidente está en trance, es capaz de producir inconscientemente ciertos fenómenos parapsicológicos? ¿Y también que la masa de creyentes, expectante y excitada, pueda llegar a actuar de potente "antena" y potenciar aún más ciertos fenómenos anómalos? Según Scott Rogo, *"podemos concluir que lo que denominamos 'milagros' parecen estar muy extendidos. No son dominio exclusivo de una religión o creencia. Tales milagros tienen equivalentes no cristianos e incluso totalmente seculares. Así, sea cual sea su naturaleza, los milagros no parecen tener origen exclusivamente divino, sino ser más bien prolongaciones de algún tipo de talentos psíquicos poseídos por sus ejecutantes".*

Hoy por hoy estoy convencido que, fraudes y alucinaciones al margen, ciertos fenómenos que se manifiestan en los enclaves aparicionistas tienen un origen parapsicológico. Al caer en trance, la mente del vidente, al igual que le ocurre al chamán de la tribu, al médium espiritista, al faquir hindú, etc., entra en un estado modificado de conciencia. Aflora su inconsciente, penetrando en una realidad transpersonal. Las facultades psi, en ese momento, hacen acto de presencia. Mientras que la mente del vidente actúa de foco emisor, la mente grupal podría servir para alimentar energéticamente el fenómeno –efecto polipsíquico–, hacer que se prolongue su tiempo de duración, o que se produzcan otros sucesos anómalos concomitantes. Aunque hay fenómenos como la levitación y la bilocación sobre los que no hemos recogido testimonios fiables ni pruebas suficientes, existen otros que tienen visos de ser ciertos, mayormente los relacionados con la llamada Percepción Extrasensorial (ESP).

Hay videntes que cogen objetos de los presentes sin mirar a quién pertenecen; al rato, y tras ser supuestamente bendecidos por la Virgen, son devueltos a sus respectivos dueños sin que los videntes se equivoquen. Algunos visionarios de El Palmar como Antonio Anillos o Antonio Manzano, han hecho cosas semejantes relacionadas con la clarividencia. Bajo trance revelan ciertas cosas muy personales de los asistentes, les avisan de algo que va a ocurrirles –precognición– o aciertan datos de su pasado. Son facultades parapsicológicas, aunque ellos lo atribuyan a la Virgen. Pepe Cayetano, también vidente de El Palmar, en uno de sus trances descubrió que Félix Arana, dedicado al negocio del turismo, había sido sacerdote años atrás –retrocognición– y le reveló que volvería a tomar los hábitos, como así ocurrió... El sacerdote jesuita Aurelio Mahugo, escribiría en *El Correo de Andalucía* que *"un estudio serio con fundamentación parapsicológica, puede dar la respuesta a lo que viene ocurriendo en El Palmar de Troya"* Aunque finalmente casi toda la respuesta al caso de El Palmar de Troya parece estar entre la superchería y lo psicopatológico como tendremos ocasión de analizar en el capítulo 6, no podemos negar que en dicho lugar se han dado algunos fenómenos de etiología parapsicológica. Hemos recogido testimonios que así lo avalan.

Éxtasis bajo examen

LOS TRANCES SIMULTÁNEOS que han tenido determinados videntes como los de Garabandal y Medjugorje, me han llamado poderosamente la atención. Se tratan de éxtasis perfectamente sincrónicos. ¿Hablaríamos de conexión telepática entre ellos?... En el caso de los videntes de Medjugorje, y como algo excepcional, se han realizado estudios médicos muy interesantes. La primera investigación se llevó a cabo entre 1984 y 1985 por un grupo de médicos franceses e italianos. En el dictamen, descartaron la epilepsia, la neurosis, las alucinaciones oníricas y los estados catalépticos. El electroencefalograma –que mide la actividad eléctrica del cerebro– registró que los videntes, durante el éxtasis, se hallaban en estado Alfa, característico de la meditación o contemplación. En 1986 tres psiquiatras europeos realizaron diversos estudios psiquiátricos, cuyas conclusiones fueron semejantes. Y en 1998, se creó un equipo de trabajo llamado *Medjugorje 3*, compuesto por médicos, neurólogos, psicólogos y parapsicólogos. Llevaron a cabo exámenes psicofísicos, neurológicos, así como registros de la respiración, presión arterial, reflejos palpebrales, ritmo cardíaco, etc. En el informe final, firmado el 12 de diciembre de 1998, los especialistas concluyen que *"estas personas no manifiestan ningún síntoma patológico como perturbaciones de trance, perturbaciones disociativas y perturbaciones de pérdida del sentido de la realidad. (...) Los estados de éxtasis de las apariciones espontáneas no fueron estados de trance hipnótico"*.

En cuanto al caso Garabandal, los doctores Alejandro Gasca y Ortiz González elaboraron un informe tras estudiar durante tres años los éxtasis de las niñas videntes. Constataron la manifestación de ciertos fenómenos parapsicológicos durante los trances extáticos, tales como telepatía, premonición, clarividencia, etc. Y en sus conclusiones manifestaron lo siguiente: *"Tendríamos que admitir en las cuatro pequeñas una capacidad parapsicológica de tal categoría, que englobaría la mayoría de las percepciones extrasensibles. (...) No encontramos explicación científica alguna convincente que pueda explicar tales fenómenos"*.

Fenómenos parafísicos

MÁS LLAMATIVO RESULTA el fenómeno de la materialización de Sagradas Formas en la boca del vidente. Es lo que se conoce en el contexto religioso como "comunión mística". Amparo Cuevas, Conchita González, Rosario Arenillas, Maria Concepción... Los testigos se quedan sobrecogidos al observar cómo va surgiendo de la boca del vidente un punto blanco, etéreo, que poco a poco va tomando consistencia y adquiriendo la forma de una hostia. El padre Félix

Arana contempló una comunión mística protagonizada por Rosario Arenillas el 12 de mayo de 1976. Así me describe el hecho durante una entrevista: *"Estando Rosario en éxtasis, de pronto abrió la boca, sacó la lengua y vi como en el centro comenzó a concretarse una especie de granito de arroz muy pequeño que se fue haciendo cada vez más grande. Durante varios minutos, estuvo formándose poco a poco hasta que tomó el tamaño de una Forma de las que se utiliza para dar la Comunión a los fieles. En aquel momento, en el centro de la hostia apareció un puntito rojo, que se fue extendiendo hasta formar una cruz perfecta roja. Esto lo he visto yo y doy testimonio de ello..."*.

El Padre Félix Arana, ex-obispo palmariano, coordina actualmente las apariciones de la Cruz Blanca.

A veces, este fenómeno ha podido ser filmado como ocurrió el 18 de julio de 1962 en Garabandal. En aquella ocasión, Conchita, la principal vidente, fue quien recibió la comunión mística. Así lo cuenta Alejandro Damians, autor de la filmación, en un informe que redactó para dejar constancia escrita de lo observado aquel día: *"...Pude distinguir claramente que Conchita tenía la boca abierta y la lengua afuera, en la clásica actitud de comulgar. Estaba más bonita que nunca. Su expresión, su gesto, lejos de provocar risas o presentar el más leve asomo de ridiculez, eran de un misticismo impresionante y conmovedor.* De pronto, sin saber cómo, sin darme cuenta, sin que Conchita hubiera variado en lo más mínimo su expresión, la Sagrada Forma apareció de repente en su lengua. Fue totalmente inesperado. No dio la impresión de haber sido depositada allí, sino que más bien podía decirse que brotó a una velocidad superior a la percepción de la mirada humana".

Para el parapsicólogo Germán de Argumosa, la comunión mística es un fenómeno similar al de las materializaciones espiritistas: *"Este fenómeno tiene todas las características de una formación ectoplásmica, es decir, una sustancia que sale del cuerpo de un médium o dotado en trance".*

Pero los prodigios más sorprendentes relacionados con la materialización de Sagradas Formas, han tenido lugar en la aldea portuguesa de Ladeira do Pinheiro, enclave aparicionista situado a tan sólo 30 Km. de Fátima. Allí, y

La vidente Conchita, en trance, eleva un crucifijo para ser besado por los presentes.

desde 1962, no sólo la vidente Maria de la Concepción ha recibido la mencionada comunión mística en incontables ocasiones, sino que los testimonios hablan también de lluvias de hostias que desaparecen cuando caen al suelo, hostias sangrantes que aparecen en el interior de los sagrarios o en el cáliz de las azucenas que sostiene la vidente durante el éxtasis, hostias que desprenden un agradable perfume, etc. El mariólogo José Luis López San Román, autor de la obra *Ladeira de persecución, espinos y sufrimientos*, en una entrevista que le realizó en su día Eduardo Beneito para la revista *Espacio y Tiempo*, explica lo que tuvo ocasión de observar en dicho paraje aparicionista durante la Semana

Santa de 1972: *"María Concepción poco antes de la hora del almuerzo, se sumió en éxtasis y, seguidamente, emprendió una marcha extática de rodillas. (...) Una vez en la capilla, al abrir el Sagrario, se halló el Cáliz lleno de hostias embebidas de sangre húmeda. Había siete u ocho formas de tamaño grande y lo más curioso no era que estuvieran impregnadas, sino que la sangre manaba de ellas. Y se conservó fresca por varias horas, hasta que un sacerdote español celebró la Santa Misa y dio de comulgar con ellas a más de trescientos devotos. (...) Cuando me llegó el turno de recibir el sacramento, noté que exhalaban un intenso tufo acre, que se alternaba en ráfagas con una delicada fragancia, y, al depositar una en mi lengua, comprobé que tenía un sabor semejante al de la carne".*

La abundante sangre emanada de las Sagradas Formas ha llegado a ser analizada en laboratorio. En 1973, el doctor Jean Caux de Paris emite un informe en el que revela que se trata de sangre humana del grupo 0 y factor Rh

Las videntes de Garabandal en éxtasis miran al cielo para presenciar a la Virgen.

positivo, aunque tiene sólo 23 cromosomas en lugar de 46 como correspondería a la especie humana. Un caso, sin duda, envuelto en el mayor misterio y sobre el que la Parapsicología tendría mucho que decir. Sólo en fenomenología paranormal, el caso Ladeira supera con creces a Fátima y otras apariciones que gozan de gran popularidad y de la "custodia" de la Iglesia católica.

La insensibilidad al dolor o paralgesia es otro de los fenómenos que se ha podido evidenciar en los enclaves aparicionistas. Videntes que han sido pinchados con agujas, quemados con cerillas y que no han mostrado el menor signo de dolor. Ni siquiera un mínimo gesto. Las niñas de Garabandal fueron sometidas a estas pruebas por diversos médicos. Es más, durante sus éxtasis caían violentamente al suelo o se desplazaban de rodillas por zonas pedregosas sin producirse ninguna lesión ni sentir dolor alguno. A Pepe Cayetano llegué a pincharle en una ocasión en el brazo sin que pestañeara lo más mínimo. Como tampoco pestañeó cuando le lancé varios fogonazos con el flash de la cámara a un metro de distancia. También en El Palmar algunos videntes han caído de bruces al suelo, entre piedras, sin producirse ninguna herida. Un médico, testigo de estos asombrosos hechos, hizo la siguiente declaración: *"He observado la caída al suelo sin defensa instintiva alguna, no habiéndose producido en ninguno de los casos ni contusiones, ni erosiones, ni hematomas, cuando estas caídas se han producido siempre en terreno desigual y duro, propicio, por tanto, a dejar algún síntoma traumático, por leve que fuese".*

El Papa Juan Pablo II y Sor Lucía en uno de sus últimos encuentros.

En síntesis, podemos decir que en los enclaves aparicionistas nos encontramos ocasionalmente con fenómenos inexplicables y extraordinarios que, determinadas personas por su fe religiosa o ignorancia, suelen interpretar como hechos milagrosos. Pero la idea de milagro, como diría Gonzalo Puente-Ojea, es absolutamente rechazable científicamente y es en sí mismo irracional. El milagro no existe. Lo que existen son fenómenos que suelen imputarse a causas externas pero que tienen una explicación endógena. La mayoría, como vimos en el capítulo anterior, responden perfectamente a explicaciones psicológicas y psiquiátricas. Sin embargo, queda un residuo de incidentes que traspasan la frontera de lo puramente racional y que entrarían de lleno en el campo de lo paranormal. El investigador Sebastián Rodríguez Galindo, que ha profundizado en la relación entre las apariciones marianas y los fenómenos psi, afirma: *"La Parapsicología, con el avance que día a día se va produciendo en el campo de la investigación científica, va dejando atrás los procesos cuasi-milagrosos, los sensacionalismos místicos y la parafernalia sobrenatural que rodea a los fenómenos aparicionistas, al apartar tal fenomenología de lo que simplemente son procesos naturales y causas típicamente físicas que incluso lle-*

gado el caso, pueden experimentarse demostrativamente con la ayuda de la tecnología científica y la investigación seria y rigurosa".

OVNIs y apariciones

A CIERTOS LECTORES pudiera parecerles un atrevimiento por mi parte relacionar las apariciones marianas con el fenómeno OVNI. Para mí lo sería si dijese que la Virgen es un extraterrestre. Pero los tiros no van por ahí. En principio, desconocemos el origen y la naturaleza de los OVNIs. Por tanto, no podemos asegurar con certeza que tengan una procedencia extraterrestre. Y, por otra parte, no creemos, como ya hemos dicho, que la madre de Jesús tenga algo que ver con las llamadas apariciones marianas. Lo único que haremos es mostrar la similitud que presentan determinados elementos aparicionistas con el fenómeno OVNI. Es más, algunos casos de supuestas apariciones de la Virgen, si en vez de ocurrir en un contexto rural hubiesen tenido lugar en uno urbano, puede que los visionarios –por la influencia socio-cultural– hablasen de OVNIs o de alienígenas, porque los rasgos son tremendamente parecidos. El investigador Hilary Evans asegura que *"sean lo que fueren los avistamientos de OVNIs, es algo que se relaciona con las visiones de la Virgen y viceversa".* Salvador Freixedo, como es natural en él, va más lejos al sostener que *"después de años de estudiar ambos fenómenos, no sólo hemos llegado a la conclusión de que están relacionados, sino que estamos seguros de que en el fondo se trata de un mismo fenómeno".*

Lo cierto es que en mis investigaciones sobre las apariciones marianas, me he encontrado con testimonios que hablan de extrañas "esferas luminosas", "bolas ígneas", "discos plateados"... que han sido vistos sobrevolar el enclave aparicionista. Fenómenos celestes que muy bien pueden ser definidos como Objetos Volantes No Identificados, ya que realmente no sabemos qué son. De hecho, pese a que la mayoría de las llamadas "danzas del sol" no son más que ilusiones ópticas, hay casos puntuales que hablan de un objeto luminoso, similar al Sol, que hace movimientos erráticos o de zig-zag ante cientos de testigos, y que incluso llega a ser fotografiado, observándose el Sol por un lado y el extraño objeto por otro.

El investigador Carlos Simó Blasco, en un interesante artículo titulado *Nuestra Señora del OVNI*, nos ofrece unos datos muy interesantes:

"Gilbert Cornu, reputado ufólogo francés, fue el primero en indagar sobre la relación entre apariciones y OVNIs. Descubrió que desde 1947, año en que surgió la moda de los platillos volantes, el número de informes sobre apariciones marianas creció espectacularmente: Cova da Cruz (Portugal), Tyromestica (Checoslovaquia), Heroldsbach (Alemania), Acquaviva (Sicilia), Cuevas de Vinromá (España), Isla Bourchard, etc. Sucedió lo mismo en Francia, durante la oleada OVNI que sufrió en 1954, y en 1970 se registraron, repartidas por todo el mundo, una decena de apariciones en un año de importantes avistamientos OVNI".

Cuando yo mismo llevé a un mapa tres apariciones casi simultáneas que se dieron en el suroeste español, las de El Repilado (Huelva), las de Pedrera (Sevilla) y las de Benalup de Sidonia (Cádiz), observé que el triángulo que formaban encerraba puntos geográficos de gran actividad OVNI, o "zonas calientes", que es como se conoce en el argot ufológico. Me estoy refiriendo al Coto de Doñana, la Sierra onubense y el Aljarafe sevillano.

Las descripciones que los propios videntes hacen a veces de la entidad que observan, nos recuerdan mucho la tipología de ciertos "ufonautas". Sin ir más lejos, el caso Fátima contiene tantos elementos ufológicos que fue motivo de un exhaustivo estudio de seis años por parte del ufólogo Joaquim Fernandes y la historiadora Fina D'Armada. Ambos investigadores portugueses son autores del libro *Intervençao extraterrestre em Fatima* (1981) donde se recogen las declaraciones originales de los niños videntes que, durante décadas, permanecieron ocultadas por las autoridades eclesiásticas. En dichos documentos, la "Señora luminosa" es descrita como una figura de 1,10 m. de altura, sin cabellos, ataviada con una especie de traje ajustado, cubierta con un manto acolchado y portando una bola brillante en sus manos. La entidad hablaba mentalmente con Lucía. Y se manifestó a través de un haz luminoso de forma troncocónica que surgía de una extraña nube. ¿Curioso, no creen?... Un retrato-robot que muy poco tiene que ver con la imagen oficial que la Iglesia católica ha adoptado de la Virgen de Fátima. Quien observa el dibujo de la figura aparecida a Lucía, Jacinta y Francisco lo primero que cree estar viendo es un presunto "ufonauta" de los que tanto abundan en la literatura ufológica. No olvidemos tampoco, que los jóvenes videntes hablaron de toda una serie de fenómenos aéreos anómalos que precedían o acompañaban a la aparición: nubes centelleantes, destellos luminosos, bolas brillantes, explosiones, zumbidos como de abeja, etc. Exactamente lo mismo que narran los testigos

OVNIs. Joaquim Fernandes plantea además algo tremendamente revelador sobre el caso Fátima: la posible presencia de una radiación de microondas en el área de contacto entre la entidad luminosa y los niños. *"Basamos esta hipótesis en las innumerables indicaciones de los testigos que estaban cerca del lugar del 'contacto' y que mencionan la audición de un 'zumbido de abejas', una de las características que se encuentra frecuentemente en los casos de 'encuentros cercanos'. Las propiedades de las microondas justificarían a la perfección la triple prueba en el caso de Fátima: 1) Calor intenso; 2) Secado de ropa; 3) Efectos fisiológicos ('curaciones') (...) Parece, pues, que en Fátima se habrá dado una intensiva utilización de la radiación de microondas del espectro electromagnético (entre los 300 y los 300.000 MHz)"*.

También en Fátima se recogieron testimonios de personas que vieron caer en las inmediaciones algo parecido a copos de nieve o pétalos de rosa que cuando alcanzaban el suelo desaparecían. *"Observé unas bolas blancas que descendían del cielo (...) Los hombres abrían los sombreros para cogerlas, pero no veían nada. Cayó una en mi hombro izquierdo; iba a cogerla pero no vi nada"*, cuenta Carmen Marques da Cruz. Lo realmente curioso es que este fenómeno, conocido en el contexto aparicionista como "hilos de la Virgen", se viene repitiendo en algunas observaciones de OVNIs. Ciertos testigos han visto caer, al paso de esos enigmáticos ingenios, unos extraños filamentos blancos, casi transparentes, conocidos como "cabellos de ángel", y que se volatilizan en cuestión de segundos...

Los propios niños de Fátima, un año antes de tener la aparición de la Virgen, ya habían protagonizado extraños encuentros con un "ser luminoso". Según cuenta Lucía, *"...vimos sobre la cúspide de los árboles, una luz más blanca que la nieve, distinguiéndose la forma de un joven transparente y más brillante que el cristal traspasado por los rayos del Sol"*. En esos instantes, notaban extrañas sensaciones físicas y hasta perdían la noción de realidad. *"Parecía que por un tiempo bastante largo estábamos privados de nuestros sentidos corporales. Durante los días siguientes nuestras acciones estaban impulsadas del todo por este poder sobrenatural"*, recuerda la vidente en sus memorias.

Con ejemplos como éstos, no es de extrañar que muchos ufólogos consideren el caso Fátima como un encuentro cercano OVNI. Y sobre todo, cuando se analiza lo que aconteció el 13 de octubre de 1917 ante 70.000 testigos que se hallaban en la explanada. En síntesis, el célebre prodigio solar no fue otra cosa que el avistamiento de un globo luminoso que irradiaba llamaradas multicolores y realizaba extrañas piruetas, descendiendo incluso a pocos metros del suelo, con movimiento de caída de hoja. Algunos testigos distinguieron en su interior algunas figuras luminosas. Se trató por tanto de un fenómeno de carácter local, registrado en la atmósfera, y que sólo fue observado en un radio de cuarenta kilómetros en torno a Cova de Iría. No se puede decir que aquello lo produjo el astro rey. De haber sido así, no solo hubiese sido detectado por los observatorios astronómicos, sino que habría provocado una catástrofe en nuestro Sistema Solar y seguramente ahora no estaríamos aquí para contarlo. El Vicario General de Leiria, presente aquella maña-

El "disco luminoso" observado sobre los cielos de Fátima el 13 de octubre de 1917 realizó extraños movimientos muy similares a los efectuados por los llamados OVNIs.

na, cuenta así lo que vio: "...*Con gran admiración mía, veo, clara y distintamente, una esfera luminosa que se mueve de naciente hacia poniente, desplazándose lenta y majestuosa a través del espacio... De repente, el globo, con su extraordinaria luz, desaparece ante nuestros ojos...*".

Otro caso aparicionista con cierta connotación ufológica es el de Medjugorje, en la antigua Yugoslavia. Los videntes y otros testigos han divisado en los cielos estrellas que se encienden y apagan, así como luces cónicas o en forma de columna que iluminan la colina de las apariciones y que surgen momentos antes de manifestarse la entidad. En ocasiones, han sido filmadas. "*Primero aparece una luz. Antes se mostraba tres veces, ahora sólo hay una luz. Aparece*

La niña Alba Bermúdez, vidente de El Repilado (Huelva).

una luz, luego llega nuestra Señora", afirma Jakov Colo, uno de los seis videntes. Incluso aseguran haber llegado a tocarla. Vicka Ivankovic confiesa que "*...he tocado su túnica. Es de color gris plateado. Es resistente como el metal. Cuando mueve las manos o la cabeza, cuando ella se mueve, todo es normal, pero cuando la tocas es resistente como el metal*".

También se han observado extraños objetos y luces que catalogaríamos como OVNIs en las apariciones de Zeitoun (Egipto), Bayside (EEUU), Knock

(Irlanda), Ladeira (Portugal), Garabandal (España), etc. Asimismo, en las apariciones de El Escorial se han llegado a fotografiar "luces no identificadas" que sobrevuelan las copas de los árboles. Muy parecidas a los *foo-fighters* observados por los pilotos de la Segunda Guerra Mundial. Luis Marroco y Ana Sabán, un matrimonio de Fregenal de la Sierra (Badajoz), me narran emocionados la supuesta "danza solar" que vieron en El Escorial en junio de 1984: *"Estaba completamente nublado, y de pronto, de entre las nubes, apareció un disco plateado que giraba sobre su eje, como una rueda. Aumentaba poco a poco de tamaño. Parpadeaba y cambiaba de color. Luego fue disminuyendo de tamaño hasta desaparecer".* Sin embargo, en la zona de El Escorial se han visto OVNIs frecuentemente mucho antes de que se iniciaran las apariciones protagonizadas por Amparo Cuevas. Curiosamente, esta vidente recibió un supuesto comunicado de la Virgen el 24 de febrero de 1983 que decía: *"Las naves celestiales están preparadas para trasplantar a los escogidos a la tierra prometida. Estas naves vendrán rodeadas de luz azul como especie de una nube",* un mensaje sospechosamente similar a los que reciben los contactados de mano de sus "hermanos cósmicos"...

Algunos videntes de El Palmar de Troya, como Pepe Cayetano, al igual que muchos fieles que se acercan hasta dicho enclave andaluz, también han sido testigos de fenómenos OVNI. De ello he recogido diversos testimonios muy interesantes. Tuve ocasión de entrevistar *in situ* al abogado y garabandalista Miguel González-Gay, quien me narró una experiencia que vivió en 1970 en El Palmar, mientras Arsenia Llanos se hallaba en éxtasis: *"Ví un globo de fuego que venía hacia nosotros, con un ruido impresionante... Estuvo sobrevolándonos un cuarto de hora y luego desapareció".* No obstante, estos devotos suelen interpretar esos avistamientos –por ejemplo, el gran disco plateado visto el 15 de agosto de 1969– como la "danza solar". En esa zona próxima a Utrera se han dado multitud de encuentros ufológicos desde los años sesenta, cuyos informes guardo en mis archivos. Recordemos que este caso aparicionista tuvo su origen en 1968, año en que comenzó a registrarse una intensa actividad OVNI en toda España. Los ufólogos sevillanos Ignacio Darnaude y Miguel Peyró realizaron en aquellas fechas numerosas investigaciones de campo por toda la comarca. *"Nuestra tesis es, por lo tanto, que todos los acontecimientos que tuvieron lugar en El Palmar de Troya y que el público de la zona atribuyó a apariciones celestiales y marianas fueron la representación popular de una actividad ufológica local, a gran escala, en el sector"*, escribía Peyró en la revista *Stendek* (nº 21, septiembre de 1975).

A pesar de la fenomenología paranormal y de esta aparente simbiosis OVNI-apariciones, podríamos hablar de un porcentaje muy bajo de sucesos objetivos y de apariencia física dentro de la casuística aparicionista. Por desgracia, lo que más abunda en las apariciones marianas es el fraude –consciente o inconsciente–, y cuándo no, hechos que entran de lleno en el campo de la psicopatología. Es un terreno bastante resbaladizo y que muy pocas veces nos ofrece evidencias incuestionables, como veremos a continuación...

Supuesto milagro solar en Medjugorje (ex Yugoslavia), ocurrido junto a la basílica de los franciscanos.

En El Escorial, los feligreses muestran fotos tomadas al Sol donde se aprecian reflejos que luego son interpretados como signos celestiales.

CAPÍTULO 5

Pseudovidentes y fraudes

"Mundus vult decipi, ergo decipiatur" (*"El mundo quiere ser enga-ñado, pues que lo sea"*). *La frase de* PETRONIO *es idónea para el tema que estamos abordando en este libro. La credulidad en el mundo de las apariciones no tiene límites. Poquísimas cosas se ponen en duda. Y, por desgracia, a eso se debe que sea un terreno tan abonado para los impos-tores y sinvergüenzas...*

CONOZCO A MUCHOS CRISTIANOS DE BUENA FE, que se sienten indignados con lo que ocurre en los enclaves aparicionistas. Y es que la verdadera fe no tiene nada que ver con los esperpénticos espectáculos milagreros que hemos observado en los enclaves marianos. Mucha razón lleva nuestro amigo Gabriel Carrión, uno de los investigadores más críticos sobre este tema, cuando dice que *"si la Virgen levantase la cabeza o descendiese de los cielos, posiblemente se echaría a temblar, pero de rabia, al ver lo que en su nombre se está haciendo"*. Téngase en cuenta que en esos sitios los milagros se han convertido en algo vulgar. Se repiten a diario y ante cualquier persona. Ya decía San Agustín que sustentar la fe en los milagros es tener una fe muy débil. Pero así están las cosas y difícil es poner remedio a estas alturas…

En capítulos posteriores nos ocuparemos de dos grandes casos de fraude deliberado, El Palmar de Troya y las apariciones de Pedrera, actualmente conocidas como las apariciones de El Higuerón. Pero antes veamos otros casos que, aún siendo menos conocidos, también poseen epidodios fraudulentos.

Denia (Alicante)

EL TAN RECURRIDO MENSAJE de construir una ermita ha generado sustanciosas sumas económicas a determinados videntes aparicionistas y a sus más fieles colaboradores. Caer de rodillas, imitar un éxtasis, poner voz profunda y hacer como si la Virgen estuviera dando un mensaje no es tan difícil. No hace falta ser un gran actor en un contexto en el que cualquiera está dispuesto a creer en lo que sea. Sólo se necesita ser alguien con muy pocos escrúpulos. Las estafas en este terreno, por tanto, son impresionantes. El mensaje de marras viene a decir algo así: *"Hijos míos, deseo que en este sagrado lugar me construyáis una capilla para venir a orar todos los días"*. La gente, creyendo obedecer un mandato de la Santísima Virgen, entregan sin rechistar sus buenas donaciones al vidente y a los "protectores" del lugar. Al cabo de los meses, la ermita terminará edificándose. Y todos los fieles quedarán satisfechos, sin preguntarse cuánto dinero se ha recolectado y cuánto se ha destinado para construir la ermita. Las cifras recaudadas suelen sobrepasar con creces el coste de las obras. Y el dinero sobrante termina en el bolsillo del vidente y su séquito. Algo así pasó con Antonia Álvarez, vidente de Denia, o al menos eso denunciaron los que se sintieron estafados por ella. Pero vayamos al principio de esta historia…

En marzo de 1985, en plena Semana Santa, se difunde la noticia de que la imagen de un Cristo de Limpias, propiedad de la curandera Antonia Álvarez Algarra, emana lágrimas. El hecho se propaga de inmediato por toda la localidad alicantina de Denia, lugar donde ocurre el supuesto prodigio. Los periódicos locales y regionales difunden la noticia y esporádicas peregrinaciones de curiosos y creyentes se arremolinan en la casa donde tiene lugar el milagro. Paralelamente a ese hecho, Antonia Álvarez comienza a recibir presuntos mensajes marianos. El busto solía llorar cuando más gente se congregaba a su alrededor, lo que hizo levantar las sospechas de si el Cristo presentaba algún dispositivo que permitiera expulsar las lágrimas a través de unos orificios localizados en los ojos. Pero los crédulos defendieron la honestidad de Antonia y el origen milagroso de la lacrimación. Una semana más tarde, las lágrimas se convierten en sangre. Por su parte, el Arzobispado de Valencia ya observa con recelo el caso del "Cristo sangrante" y las autoridades civiles comienzan a realizar sus propias pesquisas. La Guardia Civil, de forma extraoficial, somete a análisis una muestra de la sangre. Los resultados no dejan la menor duda: se trata de mercurocromo. Análisis posteriores revelan, sin embargo, que

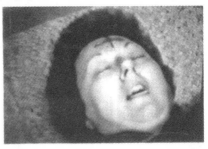
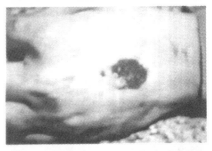

Varios fotogramas donse se aprecian los supuestos estigmas de Antonia Álvarez, la vidente de Denia.

era sangre humana –grupo A y factor Rh negativo–. Y es que la vidente tuvo que ingeniárselas para que su imagen no quedara perjudicada. Por otra parte, no creemos que fuese tan complicado aplicar sangre a la estatuilla. Lo curioso es que uno de los análisis realizados por los laboratorios de la *Ciudad*

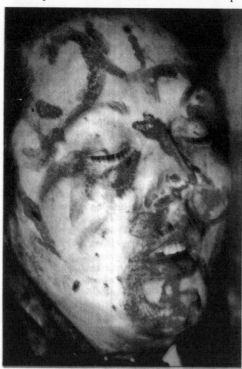

Sanitaria La Fe de Valencia se extravió. *"Los resultados del mismo junto con la muestra de sangre, han desaparecido de forma misteriosa sin dejar el menor rastro"*, advierte el investigador castellonense Carlos Simó Blasco. Ese hecho añade más intriga al asunto, y a partir de ahí, los supuestos milagros se multiplican. Estigmas, comuniones místicas, materializaciones de objetos religiosos, lluvias de pétalos, fotografías de luces misteriosas, etc, todos ellos fenómenos fraudulentos según las indagaciones realizadas por los investigadores Josep Guijarro y José Mª Ibáñez, y que plasmaron en un documentado trabajo titulado *Denia. Historia de un frau-*

La vidente Antonia Alvarez fue denunciada por estafa y sus estigmas fraudulentos.

de, publicado en la desaparecida revista *Karma-7*. Además, entre las distintas filmaciones que poseo en mis archivos de los presuntos éxtasis de Antonia Álvarez, destaca una en la que se observa cómo antes de caer al suelo, y aprovechando el descuido de los testigos, la vidente se saca del interior de la toca que le cubre el cuerpo un cáliz y lo muestra a los asistentes que gritan *"¡milagro! ¡milagro!"*, creyendo que se trata de una materialización sobrenatural. Este singular hecho, resume perfectamente el auténtico trasfondo del caso Denia. Y no es la única vez en que un vidente utiliza sus ropas para esconder –como hacen los magos e ilusionistas– los objetos que luego sacan disimuladamente como si hubieran aparecido de la nada. Viejos pero efectivos trucos...

Siguiendo con el caso, y como era de prever, por fin llega el tan traído y llevado mensaje de la Virgen instando a los fieles a que donen dinero para levantar una capilla destinada a venerar su imagen. La ubicación del santuario sería en la zona conocida como Las Troyas. Todos sus acólitos hicieron sus aportaciones, algunos más que otros dependiendo de su posición económica. Se habla que Antonia Álvarez llegó a recaudar muchísimos millones de pesetas.

Siete de sus más leales seguidores, entre los que se encuentra su propia hermana Rosalía Álvarez, descubren que el dinero se destina a la construcción de un gran chalet de 1.800 metros cuadrados con dos plantas y una piscina, y deciden denunciar a la vidente por estafa en el Juzgado de Instrucción nº 2 de Denia. Corría el mes de septiembre de 1990. En el acta de comparecencia de los denunciantes leemos: *"Los*

El busto de un Cristo sangrante fue el detonante de las controvertidas apariciones de Denia (Alicante).

perjudicados calculan que entre entregas dinerarias, entrega de terrenos, constitución de la comunidad de bienes, etc. etc., las entregas rondarán los doscientos millones de pesetas. Los denunciados, algunos, se han ausentado de Denia, no se ha llevado a cabo la finalidad religiosa para lo cual se pedía el dinero y además están haciendo frente pagando los intereses de los préstamos bancarios".

La vidente, entonces, decide trasladarse a Valencia para seguir ejerciendo de curandera. La revista *Interviú* se hace eco del turbulento asunto, y en un reportaje firmado por el periodista Joan Cantarero se dice que: *"El dinero se obtenía mediante créditos bancarios solicitados por los propios afectados, siendo avaladas las operaciones por la súbdita alemana Erika Voigt, una mujer de sesenta y cinco años que poseía una gran fortuna, tanto en metálico como en propiedades, y que había escogido Denia para pasar los últimos años de su vida".*

Durante el juicio, curiosamente, los denunciantes siguieron aceptando la veracidad de los presuntos milagros. Seguían aferrados a la creencia del "Cristo sangrante", pero perdieron toda confianza en Antonia Álvarez. A pesar de todo, la vidente –que además de curandera ha ejercido otras prácticas ocultistas– fue finalmente absuelta en junio de 1995. La Sección Tercera de la Audiencia de Alicante estableció en su sentencia que los hechos no fueron constitutivos del delito de estafa, puesto que *"no puede hablarse de apropiación indebida cuando no se prueba haber entregado algo que posteriormente se tenga la obligación de devolver"*. He aquí el gran problema que existe en este tipo de estafas, ya sean marianas o esotéricas. Cuando una persona entrega voluntariamente una elevada cantidad económica –aunque se haya utilizado alguna artimaña por parte del estafador–, luego será complicado reclamarla judicialmente. Aquí los culpables, casi tanto como el estafador, son la credulidad y la ignorancia. Por eso, Antonia Álvarez pudo continuar, aunque de una forma más intimista, su "apostolado" en la capilla que finalmente erigió en 1996 y que bautizó con el nombre de *La Nueva Jerusalén*. Allí se ha venido reuniendo con su grupo de oración, la Asociación del Santísimo Cristo de Lágrimas, para rezar el rosario y leer sus mensajes marianos. Aunque Antonia Álvarez parecía no haber escarmentado… En un mensaje fechado el 4 de julio de 1998, y ante los miembros del grupo, Nuestro Señor comunica: *"…Yo doy al que debo dar y quito al que debo quitar. Pensar que todo lo que poseéis es mío y me pertenece todo hasta vuestra propia vida. De que sirve ser tan avaro y egoísta, si luego no lo compartís. ¡A eso le llamáis ser buen cristiano o Apóstoles míos!…"*.

Sin embargo en el año 1999 cesaron finalmente los comunicados celestiales y, con ellos, los presuntos prodigios.

Baza (Granada)

Otro curandero es el protagonista de esta historia. Y es que la conexión entre curanderismo y apariciones marianas está muy arraigada en nuestro país. No son pocos los curanderos que afirman haber recibido sus poderes directamente de la Virgen María. Y el joven Esteban Sánchez Casas, conocido como "El Santón de Baza", es uno de ellos. Otro caso tan esperpéntico como sospechoso, y cuyo móvil parece ser también el económico, aunque su protagonista se jacte de negarlo ante los medios de comunicación. *"Yo nunca he cobrado un duro, pero si quieren dejar algo lo dejan"*, dice. Pero nos consta que las donaciones de sus numerosos clientes, enfermos que buscan desesperadamente una solución a sus padecimientos, son bastante generosas...

Esteban Sánchez, de familia humilde y el menor de ocho hermanos, afirma haber tenido "visiones celestiales" desde los seis años. La Virgen se le ha aparecido, según cuenta, nada menos que 300 veces. Pero no fue hasta julio de 1990, con 16 años de edad, cuando se comunica con él por primera vez. *"Soy María de Nazareth y para que no tengas dudas te enseño las divinas llagas que llevo en mi corazón. ¿Ves cuántas espinas tiene el corazón? Pues son cuantos sufrimientos tengo yo por el mundo"*.

A partir de entonces, las supuestas visiones y mensajes se hacen frecuentes y Esteban es encomendado por la Virgen para que cure a los enfermos. Cambia su modo de vida, rompe con su pareja y se dedica en cuerpo y alma a la sanación mediante la imposición de manos, tal y como le indicó la Virgen. La ermita no podía faltar, y en poco tiempo reúne el suficiente dinero para construir la Ermita de Nuestra Señora de la Soledad y el Niño Perdido. Allí pasa diariamente consulta —atiende hasta 50 personas al día—, rodeado de flores, cuadros, imágenes, exvotos y demás reliquias religiosas, todo ello regalo de sus fieles adeptos y de aquellos enfermos que aseguran haber sido sanados por el vidente curandero. *"No soy yo quien cura, sino el Señor y la Virgen a través de mí"*, asegura Esteban. No se conforma, y decide crear una especie de hermandad que, a modo de romería, recorre sus pasos por el pueblo en Semana Santa y en otras señaladas fechas del santoral católico, ante los aplausos y cánticos de los vecinos. Además, y pese a las advertencias recibidas por la archidiócesis de Granada y Baza-Guadix, el "Santón de Baza" oficia misa y celebra la eucaristía en su ermita.

El 14 de julio de 1993, el Arzobispado de Baza-Guadix, alarmado por las cotas que esta historia está alcanzando, y quizá temiendo perder fieles en sus cuatro parroquias de la localidad granadina, hace público un comunicado en el que dice lo siguiente:

"Ante el anuncio de una Romería de la Virgen de la Soledad y el Niño Perdido para los próximos días 31 de julio y 1 de agosto en la Barriada de las Cuevas de Baza, este Obispado considera necesario hacer las siguientes aclaraciones:

1. Esta Romería no está organizada por ninguna institución de la Iglesia Católica ni tampoco ha sido autorizada por este Obispado. Responde únicamente a la iniciativa particular de una persona concreta, por consiguiente no tiene carácter oficial de la Iglesia.

**Esteban Sánchez Casas,
el iluminado
de Baza (Granada).**

2. La utilización de signos cristianos que se harán en dicha Romería sin la debida autorización, además de ser ilegal posiblemente, resulta ambigua y puede dar lugar a confusión y errores que lejos de fomentar la verdadera devoción en el pueblo contribuye a deformarla.

3. En cuanto al conjunto de circunstancias que han dado origen a esta anunciada Romería y a otras pretendidas manifestaciones realizadas, ocurridas en la Barriada de las Cuevas de Baza, a pèsar de habérseles disuadido sin resultado alguno por distintas personas de responsabilidad eclesial, este Obispado sin prejuicio de que emita en su momento un informe más extenso sobre el caso, lamenta que se estén usando elementos religiosos al margen de la verdadera fe y de la auténtica misión de la Iglesia. La misma

Romería se presenta como un expreso deseo de la Virgen manifestado en presuntas apariciones. Este Obispado no admite la veracidad de tales apariciones. Por todo ello, se exhorta a los fieles cristianos a que se abstengan de participar en tales actos y a que cultiven y vivan su fe en el marco eclesial de las parroquias y de las demás instituciones establecidas".

Fachada exterior de la actual ermita que se construyó el curandero Esteban Sánchez. / CHARO VALENZUELA

Una catedral para el Santón de Baza

Un curandero granadino pretende
levantarse un templo con torres de más
de 50 metros de altura

Las aspiraciones megalomaníacas del Santón de Baza fueron noticia en distintos medios de comunicación.

Pero el vidente sigue con su imparable afán megalomaníaco. Y así, en octubre de 1999, presenta ante el Ayuntamiento de Baza un proyecto, tras haber recogido casi diez mil firmas, para levantar un templo de 3.000 metros cuadrados con dos torres de 50 metros de altura, superando en tamaño a la Iglesia Mayor de la citada localidad granadina. *"Es por mandato divino"*, dice el vidente. El presupuesto de la basílica: 500 millones de pesetas. *"Vivimos en un estado laico, pero si su proyecto cumple todo los requisitos legales no habrá inconveniente en concederle el permiso"*, aseguró ante la prensa el alcalde accidental de Baza, Juan José Tudela. Finalmente el vidente recibe la licencia para iniciar las obras, que se ponen en marcha en el año 2000 y que todavía continúan, pese a la reticencia de la jerarquía eclesiástica.

Pero no todo ha sido alegría para Esteban Sánchez. Una imprudencia por su parte hizo que una treintena de personas sufrieran graves lesiones oculares. Los hechos tuvieron lugar el 10 de junio de 1993. El vidente invitó a los cientos de personas que ese día asistieron a la romería a que mirasen el Sol, ya que en él podía verse la figura de la Virgen. Algunos de los que se atrevieron a hacerlo sin protección alguna, y durante veinte minutos nada menos, terminaron por dañarse las retinas, teniendo que ser atendidos por el Servicio de Urgencias del *Hospital Ciudad de Baza*. Curiosamente, ninguno de los afectados denunció al vidente.

Pero posiblemente, el capítulo más surrealista de esta historia, fue cuando Esteban Sánchez se sometió en 1994 a la prueba del polígrafo, en el programa *La máquina de la verdad* que presentaba Julián Lago en Tele 5. A la pregunta de si había inventado alguna historia falsa sobre las apariciones de la Virgen María, el vidente respondió que no. Su rostro reflejaba aparente tranquilidad y seguramente creyó que saldría airoso de la prueba. Sin embargo, no fue así. El profesor Edward I. Gelb, tras analizar los datos reflejados en el polígrafo, respondió ante el asombro de Esteban Sánchez que: *"La respuesta a esta pregunta sin duda indica que ha mentido. No hay el menor vestigio de verdad en su afirmación de que él ha visto a la Virgen. El Sr. Sánchez Casas no se cree que haya visto a la Virgen"*. El vidente, visiblemente indignado porque los resultados no fueron los esperados, finalizó diciendo que: *"Para mí, la 'máquina de la verdad' no es verdad"*. Creo que sobran comentarios...

Gibraleón (Huelva)

EN 1990, LOS VECINOS DE ESTA LOCALIDAD ONUBENSE de poco más de diez mil habitantes comienzan a correr el rumor de que, en la colina Alto Micael, Mª Carmen Pérez de la Rosa tiene encuentros con la Virgen. Gracias a una seguidora aparicionista pude vivir este caso desde sus inicios, asistiendo al lugar cuando aún se reunían tan sólo una treintena de creyentes y siendo el primero en entrevistarla. Pudimos ver a la vidente, de unos cincuenta años, arrodillarse delante de una encina y caer en trance. En voz baja transmite el mensaje revelado por la Virgen. *"Es una joven muy bella, de unos 22 años, luminosa y toda vestida de blanco…"*, me explica luego Mª Carmen.

Pero realmente la primera y supuesta aparición la protagonizó un año antes cuando se encontraba en el hospital para ser intervenida quirúrgicamente. Los médicos la habían diagnosticado cáncer y tenían que cortarle un pecho. Pero una bella enfermera se acercó hasta la cama de Mª Carmen, le cogió la mano y le dijo que durmiera tranquila que no le cortarían el pecho. Al día siguiente, y siempre según su testimonio, preguntó al médico sobre dicha enfermera, pero él negó que allí trabajara alguien con ese nombre y con los rasgos ofrecidos por la paciente. Mª Carmen deduce entonces que aquella enfermera era en realidad la Virgen María. Tras recuperarse, y sin haber sido necesario extirparle el pecho, regresa a casa y allí se le vuelve a aparecer la misma figura. *"Se iluminó todo el comedor y de nuevo vi a la Virgen. Venía metida como en una nube transparente y con mucha luz, y con unos rayos por detrás como si fuera el Sol. Me mostró un paisaje y me dijo que tendría que ir allí para seguir viéndola"*. El lugar concreto se encontraba en la colina Alto Micael, a las afueras del pueblo. Poco a poco, la noticia se propaga por los alrededores y todos los días trece de cada mes, día elegido por la Virgen para hacer su aparición sobre una encina, se congregan ya cientos de personas en torno a la vidente para oír los presuntos mensajes celestiales, que siempre hablan de sacrificio, oración y penitencia. *"Hija mía, llámame la Virgen de la Encina. Que todos los fieles acudan a la encina. Todavía estáis a tiempo de salvar el mundo que se está hundiendo y no os estáis dando cuenta nadie"*.

En agosto de 1991, la Virgen comunica algo especial: *"El día 13 de septiembre estaré aquí, pero no venid buscando el milagro. Venid con penitencia hijos míos, venid con oración… El día 13 quiero que me pongáis rosas blancas, que es la de la oración y la de la penitencia. Traed agua que será bendecida por mí y por el Padre. Traed agua…"*. Allí estuvimos ese día entre unas mil personas, junto a la encina. Autocares con matrícula de diversas localidades españolas, enfermos en sillas de rueda, mujeres cargadas de crucifijos, rosarios y estampas, hombres con bidones y botellas con agua… Todos esperaban ansiosamente la llegada de Mª Carmen. A los pocos minutos de subir a la colina, y tras el 5º misterio del rosario, la vidente cae en éxtasis y recibe el siguiente mensaje: *"Pido a todos la conversión del mundo entero. Todos los que vengan a rezarme el rosario con devoción serán protegidos por mí y saldrán favorecidos. Hijos míos, acordarse del Padre, acordarse de mi corazón que está sufriendo por todas las injurias. Hijos míos, levantad los ojos que yo estoy con vosotros".*

El gentío estaba sediento de milagros, y Mª Carmen anuncia una importante señal para el siguiente 13 de octubre. En el círculo más íntimo de la vidente, se rumorea que será la llamada "danza del Sol". Precisamente, en esa

Carmen Pérez, vidente de Gibraleón (Huelva).

fecha se cumplirían setenta y cuatro años del prodigio solar ocurrido en Fátima ante 70.000 testigos. Llegado el día, nos acercamos puntualmente al enclave aparicionista. Mª Carmen se presenta pasadas las cuatro de la tarde. En el ambiente se respira expectación y mucho fervor. La vidente, de rodillas, se dirige a la aparición: *"Madre mía, estarás contenta porque hay mucha gente".* La Virgen responde: *"Sí, hija mía, estoy contenta. Yo os quiero a todos mucho. Yo soy vuestra Madre y os quiero mucho".* Seguidamente, Mª Carmen recuerda a la Virgen la promesa que hizo: *"Madre mía, me hablaste de un milagro y han acudido todos al milagro, madre mía…".* La respuesta no se hace esperar: *"Sí, hija mía, ya lo sé, pero todos los niños lloran y no se le dan todos los caprichos".* La vidente insiste: *"Pero madre mía, dijiste que ibas a hacer un milagro. Hazlo madre mía, por Dios, sino no sé...".* Y por fin la Virgen cede: *"Hijos, mirad al Sol y veréis lo que no estáis viendo aquí. Todo el que venga con el corazón sano verá mi imagen reflejada y la Cruz de mi hijo también".* Y ocurrió lo que ya relaté en el capítulo 3 con todo detalle. Nada extraordinario. Pero sí una tremenda ilusión óptica colectiva, potenciada por la sugestionabilidad del ambiente que allí reinó durante dos horas de espera. Lo lamentable es que algunos oportunistas hicieron su agosto distribuyendo días después grabaciones de vídeo del Sol burdamente manipuladas.

Las investigaciones en torno a las apariciones de Gibraleón continuaron y descubrí ciertos elementos que me hicieron sospechar sobre el auténtico trasfondo de las mismas. Indagé en el pasado de la vidente y vi que tiempo antes de protagonizar las visiones de la Virgen, aseguraba que se le aparecían espíritus, afirmaba poseer un corazón de Jesús que movía los ojos y el rostro, e incluso ejerció por un tiempo de curandera. El 9 de noviembre de 1991 tuve la oportunidad de entrevistar al párroco del pueblo, D. Diego Suárez Mora, quien confirma mis sospechas sobre la posibilidad de que se tratase de un fraude deliberado por puro afán de notoriedad. *"La historia de este caso no tiene*

Carmen Pérez, vidente de Gibraleón (Huelva), en pleno éxtasis, rodeada de cientos de acólitos.

para mí ninguna veracidad, no tiene fundamento alguno, nunca he visto una pizca de certeza o veracidad en los hechos", nos confiesa sin reparos el sacerdote. *"Ella sabe que yo sé toda la verdad y que a mí no me puede convencer"*, añade. Asimismo, algunos vecinos nos dicen que esta mujer sólo pretende ser conocida, que la tengan en un pedestal, sentirse importante. Por otra parte, siempre encontramos los mensajes de la Virgen tremendamente infantiles, muy breves y nada trascendentes. Su contenido siempre era el mismo. Y además, algo curioso, nunca vimos que la vidente entrara realmente en trance. En ningún momento, se modificaba la expresión de su rostro. Incluso su voz no cambiaba cuando supuestamente hablaba la Virgen a través de ella. Otros detalles, como que algunos aprovechados de turno, erigiéndose en "apóstoles" del lugar, asesoraran e instruían a la vidente olontense para que sus visiones se parecieran a las de Fátima y El Escorial, creyendo que así conseguirían credibilidad, hicieron que nuestra desconfianza aumentara mucho más. Un caso, por tanto, que no tiene la menor veracidad, salvo ¡cómo no! para Pitita Ridruejo, marióloga hipercrédula que tras haber visto el susodicho vídeo de la falsa danza solar y haber visitado una sola vez el enclave aparicionista, llegó a afirmar que: *"En Gibraleón hay claros indicios de una aparición real de la Virgen"*. Muy buen olfato...

Sin embargo, el número de asistentes fue disminuyendo poco a poco. Supongo que por ser los mensajes tan repetitivos y con tan escaso repertorio. Y así es como el 13 de julio de 1993 la Virgen comunica a la vidente que ya no volverá a manifestarse más, tras repartirse entre los presentes pan y agua "bendecidos" por la aparición. Los devotos más incondicionales han continuado, no obstante, reuniéndose para orar junto a la encina, en la que nunca faltan los ramos de flores y sobre la que se ha colocado una pequeña capilla. Mª Carmen Pérez también sigue subiendo a la colina. La pudimos ver allí recientemente rezando el rosario. Nos dicen que de vez en cuando se repiten las "visiones celestiales", o al menos eso pretenden hacernos creer...

Alcira (Valencia)

UNA APARICIÓN QUE HA DADO MUCHO QUE HABLAR ha sido la que, desde finales de 1985 y durante seis años, tuvo lugar en El Morrut, un monte situado a seis kilómetros de la localidad valenciana de Alcira. El vidente era Ángel Muñoz, "instrumento divino" escogido para ofrecer a la humanidad mensajes ultraconservadores y apocalípticos. La Virgen parece que tiene cierta predilección por determinadas ideologías reaccionarias o, al menos, eso se desprende de los mensajes que presuntamente ofrece a través de sus "canales" humanos. Desde el cielo, por lo que parece, también se hace apología política, aunque los que la hacen están sentados siempre a la ultra-derecha de Dios Padre...

Ángel Muñoz, natural de Madrid, inició su singladura pseudomística con 20 años, tras visitar las famosas apariciones de Prado Nuevo de El Escorial. Allí tuvo una visión y un mensaje, pero no había sitio para un vidente más. La competencia se paga cara, o si no que se lo pregunten a la vidente de Ladeira

Angel Muñoz Bactrina mueve a cientos de personas y pretende «ordenar» sacerdotes

El arzobispo de Valencia da el primer paso para excomulgar al «vidente» de Alzira

El arzobispo de Valencia ha reaccionado contundentemente ante la fama que está adquiriendo el llamado «vidente de Alzira», Angel Muñoz Bactrina, que además de celebrar misas en su casa de Benaguasil tiene la intención de «ordenar» próximamente a un «sacerdote». Esta es la primera vez que la iglesia valenciana declara a un presunto vidente en «entredicho», que es el paso previo a la excomunión.

Celebra cultos vestido con hábito en su casa de Benaguasil

REGINA LAGUNA

Desde que hace más de dos años Angel el vidente, como se conoce a Angel Muñoz Bactrina en Benaguasil, se afincó en esta localidad del Camp de Túria, el número 12 de la calle San Miguel se ha convertido en un templo donde se realizan cultos y ceremonias, oficiadas por Angel y por los cinco o seis hombres y mujeres que conviven con él en esta misma casa y que, como él, visten hábitos talares similares a los de los frailes y las monjas.

El Arzobispado ha prohibido a Angel Muñoz recibir los sacramentos

Los seguidores del «vidente» de Alzira afirman que no temen a la excomunión

La concentración dejó de ser multitudinaria

Disminuyen los devotos que siguen al vidente Angel Muñoz en Alzira

S. OROVIG

Como todos los días 15 de cada mes, desde mayo de 1986, como ocurre con todas las sectas, ha desaparecido la euforia colectiva que invadía a la multi...

El «vidente» Angel Muñoz.

Recortes de periódico donde se habla de la polémica suscitada por Ángel Muñoz, el vidente de Alcira, amenazado de excomunción.

do Pinheiro... Así que nuestro protagonista decide marcharse a Alcira, siguiendo instrucciones de la Virgen del Rosario, que según él es la que se le aparece. Allí, en un tranquilo montículo podría seguir con sus "contactos celestiales" sin ningún obstáculo. O eso creyó...

Todos los 15 de cada mes, por la tarde, el vidente caía en éxtasis ante su grupo de adeptos y ante el malestar de los vecinos y, sobre todo, de los dueños de aquellas tierras. En esta ocasión, la Virgen parece que se equivocó de sitio, ya que su "elegido" nunca fue bien recibido por los lugareños. El pino en el que tenía lugar la aparición fue sin culpa alguna blanco de las iras. Y los intentos por cortarlo fueron constantes. Al final, el propio Ayuntamiento de Alcira decidió en 1991 acabar por lo sano con aquellas congregaciones marianas y el pino fue talado ante los llantos de los feligreses y la alegría de muchos alcireños –no de todos, claro, pues hubo quienes se sumaron a la romería aparicionista–.

Pero antes que ocurriese ese desenlace, la Virgen tuvo tiempo de amonestar a los españoles con mensajes como: *"La corona de España rodará pronto por las calles de Madrid (...) Se iniciará una nueva Guerra Civil peor que la del 36..."*, o este otro: *"España está a punto de recibir el castigo, vendrán catástrofes, terremotos, plagas, porque no desean transmitir mis mensajes, ni llevarlos a cabo, hijos míos"*. Tampoco el Papa se libró de la furia divina: *"Ahí le tenéis sentado en la silla de Pedro, ahí le tenéis, un comunista acérrimo que no tiene fe (...) ¡masón, más que masón, requetemasón! (...) A aquellos que hoy siguen la tradición, les podrás engañar, pero a Dios... ¡NO!"*.

Algunos fenómenos multitudinarios, como la danza solar, atrajeron a un numeroso público necesitado de milagros para llenar su vacío espiritual. Y gracias a algunos investigadores locales como Carlos Simó o Jesús Genaro, que estuvieron presentes en algunas de esas supuestas manifestaciones celestiales, pudimos saber que las alucinaciones e histeria colectivas fueron las verdaderas protagonistas de tales eventos. Nuevamente, los milagros brillaron por su ausencia...

Pero aún así, la popularidad de Angel Muñoz fue en aumento, al igual que sus megalomanías. Emulando tal vez a Clemente Domínguez, sufrió estigmas y en 1988 se ordenó sacerdote, fundando la integrista *Orden de las Esclavas del Sagrado Corazón de Jesús*, cuyos miembros, por sus cerrados ideales, comportamientos y vestimentas, parecen estar anclados en la Edad Media. Sus enfrentamientos con las autoridades civiles y religiosas fueron frecuentes, e incluso con la vidente de Denia, a la que tacha de falsa profeta –curiosamente ella decía lo mismo de él–. El Arzobispo de Valencia, Miguel Roca Cabanellas, reacciona y en 1988 emite un comunicado que dice: *"No consta la sobrenatura-*

lidad del hecho de las apariciones (...) Existen razones serias para dudar de su autenticidad". En el mismo informe, el arzobispo insta al vidente a no acudir al lugar de las apariciones y a despojarse del hábito. Angel no obedece y, para añadir más leña al fuego, comienza a oficiar misa en su casa de Benaguasil. A mediados de 1990, el arzobispo responde con más severidad declarando al vidente en "entredicho", una pena recogida en el Derecho Canónico previa a la excomunión. Aunque finalmente fue excomulgado...

Talavera de la Reina (Toledo)

EN ESTA APARICIÓN, TAMBIÉN SURGIDA EN 1985, nos topamos con otro "iluminado" que, como el anterior, tiene grandes aspiraciones pseudomísticas. José Luis Manzano es su nombre y con 12 años de edad tuvo su primer encuentro con el mundo divino. Fue un 4 de abril de 1985 cuando se le manifiesta la Virgen de los Dolores. *"Ave María Purísima"*, dice la aparición. Y el vidente responde como está marcado en la ortodoxia católica: *"Sin pecado concebida"...* Hay que decir que, a través de José Luis, no sólo se ha manifestado la Virgen, sino también su hijo Jesús y por si no fuera suficiente hasta ¡el Padre Celestial!... Por algo, este joven vidente se ha erigido como "El Gran Guerrero del Tajo" que ha venido para luchar contra las hordas infernales. En 1986, Jesucristo, a través de José Luis, da el siguiente mensaje: *"Este joven, ese Gran Guerrero profetizado por tantos santos y videntes a través de los tiempos, que saldrá de Toledo con la espada, para librar a España y al mundo del poder de las tinieblas".* El 3 de mayo de 1987, la Virgen insiste sobre lo mismo: *"¡España despierta! Aún estás dormida... Te entrego este Gran Guerrero para que te libere. El Gran Guerrero como Santiago Apóstol te librará de las garras de Satán...".* Los mensajes ofrecidos por José Luis durante sus éxtasis, hablan continuamente de los tres días de oscuridad, de la gran batalla contra el Anticristo y del fin de los tiempos. Las amenazas no faltan en ellos, que cada vez se vuelven más radicales. En algunos documentos repartidos por los fieles de José Luis en los que se recogen datos biográficos, mensajes, profecías, etc– aparecen el antiguo escudo del águila con aquello de "una, grande y libre" e ilustraciones de Santiago Apóstol sobre el caballo y con la espada en alto. Con razón, Gabriel Carrión afirma que *"la aparición de Talavera es, quizá, de las más reaccionarias si es que alguna se libra de serlo".*

Los seguidores de José Luis han habilitado una pequeña finca rural, localizada en un paraje conocido con el nombre de El Espinosillo, como capilla y lugar de concentración para los feligreses. La llaman "Finca de Nazaret". En la entrada hay un cartel que avisa: *"Peregrino: este camino es sagrado. Camina descalzo; reza siete Avemarías y besa siete veces el suelo"*. Allí, los peregrinos rezan el santo rosario, cogen agua del "pozo de las curaciones" —pese a que fue declarada no potable por técnicos de Sanidad—, y oyen el mensaje por megafonía que la Virgen u otras "entidades" transmiten supuestamente a través del vidente ya que éste, tiene sus éxtasis en un cuarto reservado, fuera de las miradas indiscretas. Dentro de la finca, las personas pertenecientes al círculo más íntimo de José Luis, tienen una determinada misión encomendada por Dios o la Virgen. Segundo Manzano, padre del "iluminado", se dedica a controlar el conti-

Panfleto propagandístico del vidente José Luis Manzano, de Talaver ade la Reina, erigiéndose como el "Gran guerrero del Tajo".

nuo trasiego de peregrinos y a repartir opúsculos entre ellos. Su madre se encarga de acomodar a las personas inválidas. Uno de los "apóstoles" vigila en la puerta de la finca para que nadie pase con más de dos garrafas. Y es que Dios, en un mensaje dado el 14 de marzo de 1987, anunció: *"Y ahora yo os digo: que llevéis cada uno dos garrafas. Si no lo hacéis yo voy a secar el pozo y no os voy a dar agua. Así os daréis cuenta que me tenéis que obedecer"*. Otro "apóstol" tiene un curioso cometido: *"Aquí la misión que tengo es la que Dios Padre me ha puesto para que las mujeres pasen con velos y con vestidos, que no traigan pantalón ni cosas de esas. Que vista la mujer como mujer y el hombre como hombre"*. Ninguno cobra nada, o al menos eso dicen. Un vídeo proselitista distribuido por los defensores de esta aparición, advierte bien claro que *"...aquí no se cobra ni se acepta ningún dinero, porque aquí no es importante lo que gana el cuerpo, sino lo que gana el alma"*.

En las grabaciones que tanto en casete como en vídeo he conseguido de los éxtasis de José Luis, llama poderosamente la atención la voz tan ronca, violenta y jadeante. Más que un contacto con la Virgen parece una posesión diabólica. Como anécdota, cuando he puesto el vídeo a algunas personas creyentes en la Virgen, me dicen que lo apague, pues sienten miedo. Piensan que jamás la Virgen hablaría a sus hijos de ese modo tan grotesco y con tan poca dulzura. Y yo añadiría: y nunca haría apostolado político con reminiscencias franquistas...

Lepe (Huelva)

DE NUEVO UNA CURANDERA TENIENDO "visiones celestiales". O mejor dicho, al revés, ya que primero llegaron las supuestas visiones y luego el don de curar. Trinidad Eugenio Mendoza, de 58 años de edad y natural de Lepe, asegura haber tenido manifestaciones de ángeles desde los ocho años. *"Yo no salgo mamá, porque estoy jugando con unos niños que tienen plumas"*, respondía a su madre, cuando ésta le decía que saliera a la calle para jugar un rato con sus amigas. Asombrada, la llevó a un vidente del pueblo quien le confirmó (?) que los amigos invisibles de la niña eran unos "angelitos"... Sin saber porqué, a los 15 años, tuvo el impulso de imponer las manos a su padre, ya que padecía terribles dolores en su cuerpo. Por lo que nos cuenta Trinidad, su padre se curó. En pocos días, ya le visitaron otros vecinos del pueblo pidiéndole su ayuda. Ella atribuye su capacidad sanadora a la Virgen. No obstante, no es hasta 1984 cuando Trinidad tiene la primera aparición mariana. Ella misma nos lo explica durante una larga entrevista que mantuvimos el 27 de febrero de 1997: *"Mientras cogía unas toallas del armario oí una voz muy dulce que me llamaba por mi nombre... ¡Trinidad! ¡Trinidad!... Hija mía... Por favor, no hables... Escucha: tienes que rezar tres credos, tres padrenuestros y tres avemarías... Bendice a la niña"*. La Virgen se refería a la nieta de Trinidad que esos días se hallaba enferma. *"¿Eres tú, Madre mía?"... "Sí, soy vuestra Madre, soy la Madre de Jesucristo"...* A partir de ahí, tienen lugar más visiones y comienza su peregrinación por enclaves aparicionistas —El Escorial, Pedrera, Gibraleón, Umbe...—. Un dato que hemos de tener muy presente en este caso.

Durante la extensa charla que mantuve con la vidente en el salón donde pasa consulta a enfermos y a quienes buscan ayuda espiritual, relató una amplia casuística de hechos extraordinarios que ha vivido desde siempre. Contactos con espíritus, premoniciones, experiencias astrales, estigmatizaciones, visiones de luces y figuras estando acostada, posesiones diabólicas, etc.

Los fieles arrancan ramas y hojas del alcornoque donde se aparece la Virgen, en la finca La Arboleda (Lepe, Huelva).

Pero su destino estaría finalmente marcado por las "visiones celestiales". Y fue a través de éstas, como consiguió fama. En una comarca en la que abundan los videntes-curanderos, como es toda esa zona de Lepe, Isla Cristina y Ayamonte, su vida pasaba desapercibida. Pero con las apariciones de la Virgen, ganó carisma y algo más... Al menos, ya se sentía la elegida de Dios. Y eso creyeron muchas vecinas del lugar.

Trinidad, tomando el ejemplo de otros casos aparicionistas, se reúne por las tardes en su casa con más de una docena de amigas y vecinas para rezar el rosario. Durante esas reuniones, rezan también para dar luz a los "espíritus". A veces, reciben la visita de la Virgen, de Jesús o de los arcángeles Miguel y Gabriel… Y en una de esas manifestaciones, ocurrida entre octubre y noviembre de 1995, la Virgen –siempre según el propio testimonio de la vidente– le ordena: *"Trini, coge el lápiz"*. Al hacerlo, su mano comienza a dibujar sin control alguno una especie de árbol y dos caminos. *"Coge ese camino y dirígete a la derecha. Allí te diré dónde está el árbol"*. Más o menos por el dibujo pudieron intuir donde se hallaba ese lugar. Y dos días más tarde, Trinidad y tres compañeras del grupo de oración, siguen una senda que las conducen hasta la finca La Arboleda, en las afueras de Lepe. De pronto, Trinidad siente que una fuerza inexplicable le tira hacia un sitio donde se encuentran tres alcornoques. Al tocar uno de los árboles, siente un calor inmenso. *"El árbol estaba como ardiendo y vi a su alrededor como si fuera un velo celeste claro, una especie de energía"*, nos narra la vidente. Una de las acompañantes que se sentía mal ese día, tras tocar el árbol se recuperó completamente. Cuando Trinidad regresa a su casa, tiene una comunicación con la Virgen.

Madre ¿era ese el árbol?
Sí, hija mía… ¿Qué notaste?
Una paz muy grande, Madre.
También la tendrán tus hermanos si van con fe y creen…; hija mía, tienes que ir al árbol todos los días 13, ya esté el tiempo bueno o malo.

Así fue cómo se dieron a conocer estas apariciones que tan discretamente comenzaron y que tan visitadas fueron con el paso del tiempo. Sobre todo, tras hacerse eco del caso la prensa, la radio y la televisión local, a finales de 1996.

Mi primera visita al paraje fue el 13 de diciembre de 1996. Aunque la tarde estaba desapacible y había llovido bastante, cuando llegamos a las cuatro y media ya había un nutrido grupo de personas, mayormente mujeres, que rodeaban el árbol de las apariciones. Trinidad tenía previsto su encuentro con la Virgen a las cinco de la tarde. El investigador Ignacio Garzón y un servidor, nos abrimos paso entre el gentío para colocarnos en un sitio idóneo y así observar todo con detalle y captar buenas fotos del acontecimiento. Como siempre, comienza el ya para nosotros cansino rosario, y en el quinto misterio, Trinidad se pone de rodillas en el suelo y dirige su mirada hacia las ramas del árbol. Breves instantes después, mueve lentamente sus manos y abre los brazos. Parece que ya está en éxtasis. Con la mano derecha hace la señal de la cruz a los presentes. Su vista, clavada en el árbol, parece estar realmente viendo algo sublime. Pero los mensajes son individuales. Es decir, Trinidad va haciendo gesto a ciertas personas para que se arrodillen ante ella, y en el oído les transmite en voz baja el mensaje de la Virgen. No podemos escuchar nada. A los minutos, sale del trance y acerca las manos a la nariz de los presentes para que puedan oler el "aroma celestial", prueba de que la Virgen ha estado entre ellos. ¿O prueba de que llevaba algún pañuelo impregnado de perfume?... Al menos, antes del trance la vimos remover las manos dentro de su bolsillo. Por si acaso, ahí está el dato...

Ese mismo día, nos acercamos hasta su casa. Nos recibió amablemente, todo hay que decirlo, y aunque fue una primera toma de contacto, nos contó que esa tarde la Virgen había dicho cosas personales, aunque otras veces ofrecía mensajes para la humanidad. *"Vendrán unos tiempos muy malos y habrá un castigo muy grande"*, ha advertido la Virgen a través de Trinidad. Algo que ya no nos coge desprevenidos, porque los mensajes catastrofistas son los que más abundan en estos casos. En otras ocasiones, Trinidad ha recibido mensajes

La vidente de Lepe, Trinidad Eugenio, en pleno éxtasis.

secretos que por el momento no puede revelar, así como avisos sobre grandes señales en los cielos. *"Dijo la Virgen en un mensaje que veremos la Cruz de su Hijo o el Rosario de la Madre, pero no me dijo cuándo ocurrirá"*.

Según la descripción que nos ofrece Trinidad, la Virgen es una figura de un metro y medio de altura aproximadamente, que aparenta tener unos veinte años, de bello rostro, grandes ojos oscuros y pelo largo castaño. Se presenta con un vestido blanco y un manto celeste claro y su cabeza aparece cubierta por una especie de velo transparente. La vidente nos muestra un cuadro que tiene en el salón que reproduce la imagen que ella ve cada día 13. Nos interesamos por saber qué siente Trinidad en el momento previo a la aparición. *"Siento como si algo viniera sobre mí, como una luz que se me mete dentro y me quedo como una persona que está cansada, floja, que quiere dormir. Estoy como si flotara… No me doy cuenta de que hay gente conmigo, ni nada (…) Entonces veo venir a la Madre del cielo y viene derecha hacia el árbol…"*.

Durante tres meses, estuvimos visitando el lugar de las apariciones, hablando y cogiendo confianza con la vidente, filmando sus éxtasis y entrevistando a los devotos. Extrajimos muchísima información sobre Trinidad y su entorno. Localizamos a una mujer, antigua compañera del grupo de oración, que nos reveló ciertos detalles sobre la personalidad de la vidente y su notable afán de notoriedad. Según ella, Trinidad buscó incansablemente la fama hasta conseguirla. De hecho, nos llamó la atención la buena disposición que Trinidad siempre tuvo con la prensa. Y en el lugar de las apariciones y en casa de la vidente se congregaron periodistas de todas las cadenas del país.

En nuestras pesquisas pudimos saber que, si alguien decía estar viendo a la Virgen en el grupo de oración, Trinidad se encargaba de aclarar que era obra del demonio. Sólo sus visiones eran auténticas. Constantemente daba profecías, supuestamente reveladas por la Virgen, que luego jamás se cumplían. Entonces la vidente optó por no fechar sus predicciones. Pero también nos enteramos que Trinidad, paralelamente a sus contactos marianos, se encarga de realizar determinadas prácticas esotéricas consistentes en la expulsión de malos espíritus de "casas infestadas" —aquellas en las que suelen ocurrir fenómenos anómalos—, unir parejas, eliminar maleficios, romper el "mal de ojo", etc. Nos dicen que cobra por ello, tanto en su consulta como cuando visita a alguien. Y lo cierto es que con la historia de las apariciones, su clientela se ha multiplicado…

Antes dijimos que Trinidad había visitado ciertos enclaves aparicionistas españoles, amén de Fátima y Lourdes, y seguramente en ellos se inspiró para su posterior historia. Y es que si algo tienen las apariciones marianas es que atraen a mucha gente necesitada. ¿Echó mano Trinidad de este recurso para hacer crecer su popularidad y, por tanto, el número de clientes?...

Teníamos noticia de que el párroco de Lepe, Don Feliciano Fernández Sousa, se sentía bastante incómodo con esta historia. Trinidad no le inspiraba confianza, sobre todo, por su vinculación con el curanderismo y las prácticas esotéricas, muy alejadas para el sacerdote de lo que es una vida profundamente religiosa. Aceptó que le entrevistáramos a pesar de que estaba muy ocupado. Cuando supo que éramos investigadores, se interesó por nuestro trabajo y nos solicitó un informe del caso, el cual le proporcionamos semanas más tarde. La entrevista fue muy interesante, por lo que a continuación reproduzco los puntos más destacables:

¿Qué puede decirnos sobre las supuestas apariciones de la Virgen que protagoniza Trinidad Eugenio?

Me consta que es una mujer sencilla, no muy culta, no es una persona formada religiosamente, en el sentido cristiano. Me queda mucho que ver para decir que allí hay algo serio. Por ahora, yo también estoy en una actitud de expectativa entre lo que allí se pueda derivar.

¿Tendría que existir, por tanto, algún signo, un cambio o una evolución espiritual en la vida de Trinidad para juzgar la validez de sus experiencias visionarias?

Los carismas surgen cuando hay una vida cristiana desarrollada, evolucionada. Primero tiene que haber una seriedad de vida cristiana por parte de la persona que protagoniza el hecho. Y en este caso, esa seriedad dentro de los cánones cristianos yo no la veo. No basta decir que la Virgen me ha dicho tal o cual cosa, sino que hay que entrar en un conocimiento de lo que es el mensaje revelador del Señor.

¿Qué postura adopta la Iglesia ante tales sucesos?

La postura de la iglesia Católica en estos casos es de prudencia. En principio, no puede dar un veredicto o una opinión rápida de los hechos si no se tienen noticias muy personales y directas. Aún así, es dudoso que éstos sean hechos que Dios, dentro de su Iglesia, tenga que realizar para convertir personas, porque hay otros caminos mucho más normales.

¿Tiene en cuenta la Iglesia los mensajes supuestamente revelados en esas apariciones?

La Virgen tiene una connotación de Evangelio, de revelación y unida siempre a Jesucristo; por lo tanto, la Virgen nunca dirá otra cosa que hacer lo que Él nos dijo, y esto está por ver en muchas apariciones... Estos hechos no desarrollan el mensaje ya revelado y no aportan nada nuevo.

Por último, ¿qué le parece lo que está aconteciendo en torno a estas apariciones de Lepe que atraen a tanta gente?

Yo respeto lo que allí ocurre, pero me da pena que pueda suscitarse movimientos de masa en torno a una persona que ahora sale a la palestra. En estos hechos, hay una búsqueda de masa social que ampare la situación del vidente, encontrando éste una base más sólida en el apoyo de los demás. Este caso puede provocar expectativas que luego lleven a defraudar a mucha gente.

Sin embargo, el episodio más esperpéntico de este caso, incluso para los propios creyentes aparicionistas, fue ver a la vidente en el *talk-show* de Pepe Navarro *Esta noche cruzamos el Mississippi* de Tele 5, el 14 de enero de 1997. En un improvisado habitáculo preparado para la ocasión por el programa, la vidente, rodeada de velas y acompañada de algunas de sus más fieles adeptas, cae en éxtasis y la Virgen habla a través suyo. Igual que si estuviera junto al alcornoque de las apariciones. Y sin importar que no fuera día 13. *"Fue algo lamentable, indigno para la Virgen y un insulto para los que creemos en las apariciones"*, me dijo una mujer que en su día había sido seguidora de Trinidad, y que abandonó el grupo al percatarse que no jugaba limpio.

Y así es como se escribe un episodio más de la historia de las apariciones marianas en nuestro país, a caballo entre la picaresca y lo cómico.

Capítulo 6

El Palmar de Troya: 35 años de cisma

"Hijos mios, estáis en el lugar de las apariciones más grande del mundo. Ni lo ha habido ni lo habrá más... Este sagrado lugar está siempre rodeado de la corte celestial, porque está preparado para la salvación del mundo".

Mensaje de la Virgen a CLEMENTE DOMÍNGUEZ, vidente de El Palmar de Troya, 6 de enero de 1970.

SI ALGUIEN ME PREGUNTASE qué caso aparicionista de los que he tenido la oportunidad de investigar es mi preferido, sin duda respondería que El Palmar de Troya. Es un caso único. Los hechos, las situaciones, las anécdotas y los niveles paranoicos y surrealistas que ha alcanzado esta historia no tienen parangón. Hasta el propio Gonzalo Torrente Ballester llegó a escribir que: *"Decididamente, el caso de El Palmar de Troya no es dramático ni trágico: es simplemente grotesco"*. Y todo por culpa de un joven que un día se acercó por el enclave aparicionista como un curioso más, pero que pocos años después se quiso convertir en Papa. Así que desmenucemos con detalle este singular episodio de la milagrería popular. Verán que no tiene desperdicio alguno.

Los comienzos

EL PALMAR DE TROYA es una pequeña aldea sevillana situada a 14 Km. de Utrera. Sus habitantes se dedican sobre todo a las tareas agrícolas. En la época en que se iniciaron los hechos, finales de los sesenta, contaba con tan sólo 4.000 habitantes. Estas sencillas personas no podían imaginar que la rutina de ese tranquilo paraje andaluz se vería rota por unos acontecimientos que darían la vuelta al mundo y que tantos ríos de tinta harían correr. Y es que lo que comenzó como una inocente aparición mariana terminó por convertirse en uno de los cismas más alucinantes y escandalosos a los que se ha tenido que enfrentar la Iglesia católica en el siglo XX.

Fue el 30 de marzo de 1968 cuando cuatro niñas de entre 11 y 13 años, que jugaban en la finca La Alcaparrosa —situada en las proximidades de El Palmar— regresaron corriendo hasta la aldea gritando que habían visto a la Virgen. Ana García, Rafaela Gordo, Josefa Guzmán y Ana Aguilera se encontraban esa mañana cogiendo flores para adornar una pequeña capilla de la escuela, cuando de pronto vieron algo extraño que les llamó la atención: *"Vimos una cara de mujer muy guapa, con ojos negros y bonitos. Al principio pensamos que era un ahorcado, o un toro con cuernos verdes, pero luego vimos que era la cara de la Señora, muy redonda y sonrojada, con una cosa verde alrededor de ella y vestida con un manto marrón. Nos sonreía. Era la Virgen"*. Así lo contaron y así lo creyeron muchos vecinos de El Palmar de Troya, que al día siguiente acompañaron a las niñas hasta el lentisco donde tuvieron el encuentro con la Virgen. Y de nuevo, la visión se repitió a las agraciadas criaturas. Y lo mismo volvió a ocurrir en días sucesivos. El hecho, como es natural, trascendió a otras localidades limítrofes, y la prensa no tardó en hacerse eco del asunto. El diario *Pueblo*, en su edición del 6 de abril de 1968, titulaba así la noticia: *"Hemos visto a la Virgen"*. Después de resumir brevemente los datos de esta incipiente historia, la Agencia *Cifra* informaba lo siguiente:

"El secretario de Cámara del Arzobispado de Sevilla, don Andrés Galindo, ha manifestado que no se tiene ninguna noticia ni oficial ni oficiosa sobre el hecho. En los mismos términos se ha expresado el arcipreste de Utrera, reverendo Hernández Fuentes; en cuanto al párroco de la localidad de Guadalema de los Quinteros, próxima al poblado de El Palmar de Troya, que es quien atiende espiritualmente a estos feligreses, se encuentra desde hace unos días ausente, en Madrid. La Secretaría de Cámara del Arzobispado ha advertido, de todos modos, sobre la conveniencia de acoger con toda clase de reservas estos

Las primeras videntes de El Palmar de Troya (Sevilla). Iniciaron sus encuentros con la Virgen el 30 de marzo de 1968.

relatos sobre supuestas apariciones —muchos de los cuales, como se sabe, resultan luego mera sugestión— y sobre las que, lógicamente, las autoridades eclesiásticas nada pueden comentar inicialmente".

Pero aquello ya nadie podía frenarlo. Para los humildes lugareños, la historia de las apariciones se convertía en un nuevo tema de conversación, en un sugestivo aliciente para sus monótonas vidas. Tener tan cerca un encuentro con lo extraordinario, les hacía sentirse de algún modo especiales. Si la Virgen ha elegido manifestarse en un perdido y casi desértico rincón de la pedanía sevillana suponían que tenía que ser por algún motivo especial. Ese sentimiento era el que animaba a mucha gente a acercarse todas las tardes hasta la finca de las apariciones, que no tardó en convertirse en un auténtico foco de peregrinación. Y en torno a una improvisada cruz fabricada con ramas de tomillo, que indicaba el punto exacto donde la Virgen hacía acto de presencia, se iban congregando cientos de personas, entre las que se hallaban enfermos que asistían con la fe de curarse milagrosamente.

No habían transcurrido siquiera diez días desde la primera aparición, cuando quince personas –adultos la mayoría– afirmaban haber presenciado

La finca La Alcaparrosa, a las afueras de El Palmar de Troya, pronto se convirtió en un lugar de peregrinación.

también la figura de una extraña "señora luminosa" cuya descripción coincidía con la de las niñas. *"La señora emanaba una especie de luz o ráfaga y se movía muy lentamente"*, explicaba nervioso uno de los nuevos videntes que intentó incluso acercarse para tocarla.

En solo quince días, la finca La Alcaparrosa era visitada ya por unas 4.000 personas. Curiosos, bromistas, creyentes, escépticos, enfermos, periodistas y hasta varios sacerdotes, e incluso algunos turistas extranjeros, se daban cita diariamente en aquel sagrado lugar para ser testigos de lo que pudiese allí acontecer en presencia de los videntes. Y las escenas de histeria colectiva comenzaron a hacer de las suyas teniendo que intervenir la Guardia Civil en más de una ocasión para controlar la situación.

Llegan los videntes adultos

ANTE AQUEL CAOS, los padres de las niñas decidieron que éstas no asistieran más a la dehesa de las apariciones, por si pudiera ocurrirles algo. Y así fue como desaparecieron de aquel escenario. Pero aquella decisión, no hizo disminuir el número de visitantes. Entre los videntes adultos –personas que

En esta fotografía (11 de mayo de 1968), se aprecia la cruz de tomillo que pusieron los primeros fieles de las apariciones. Pero también se observa una extraña columna de humo que parece emerger del suelo. Un fallo del revelado que fue interpretado como una señal celestial...

antes de visitar el enclave nunca habían protagonizado sucesos de este tipo–, hubo algunos que comenzaron a tener éxtasis y recibir comunicaciones de la Virgen. Y ésto atrajo más público aún. Rosario Arenillas, Antonio Anillos, Manuel Fernández, Pepe Cayetano, María Luisa Vila, Antonio Manzano, Arsenia Llanos, María Marín... Nombres que en pocos días se hicieron populares entre los allí presentes debido a sus sorprendentes trances, a través de los cuales se manifestaban presuntos fenómenos como los estigmas, el "don de lenguas" y la "comunión mística". Por otra parte, las marchas extáticas, como las protagonizadas por Antonio Anillos, causan verdadero asombro. *"Sus rápidas marchas extáticas sobre sus rodillas, son de una rapidez y velocidad tales, que es muy difícil seguirle, pues más de una vez le hemos visto, cual si se deslizara suavemente a centímetros del suelo"*, cuenta el Padre Félix, testigo directo de muchos hechos prodigiosos protagonizados por estos videntes adultos.

La jerarquía eclesiástica seguía guardando silencio pese a la insistencia de los medios de comunicación. Sin embargo el 15 de agosto de 1969, un tal Padre Albarracín, sacerdote jesuita, se atreve a celebrar la primera misa en el enclave aparicionista ante numerosísimos asistentes. Previamente, otros

Cobertizo que fue levantado a finales de los sesenta en el lugar de las apariciones, a modo de capilla para acoger a los peregrinos que llegaban hasta la finca La Alcaparrosa

sacerdotes se habían encargado de dirigir el santo rosario. Mientras ésto ocurre, se comienza a hablar de curaciones milagrosas, y los dueños de la finca no saben qué hacer para evitar aquella masa de gente que diariamente pisotean sus terrenos...

Y así va transcurriendo esta historia, hasta que el 30 de septiembre de 1969, un joven sevillano de 23 años llamado Clemente Domínguez Gómez, que llevaba un mes y medio merodeando por la zona, tiene su primera visión de la Virgen del Carmen y del Padre Pío —al que pronto convierten en "protector espiritual" del lugar—. A partir de esa fecha, nada volvería a ser igual en la finca de las apariciones...

Un visionario en busca de fama

EL PROTAGONISMO QUE ALCANZÓ CLEMENTE DOMÍNGUEZ en cuestión de días hizo eclipsar a los restantes videntes. Y no era para menos. Sus histriónicos éxtasis, acompañados de mensajes catastrofistas e impactantes estigmas, captaron enseguida la atención de los asistentes. En medio de esa febril atmósfera pseudoreligiosa, los reporteros gráficos competían para conseguir la fotografía más llamativa del joven vidente en pleno arrobamiento místico. Y así, las portadas de los principales periódicos y semanarios nacionales sacaban a Clemente con la mirada perdida en el cielo y los brazos abiertos mostrando los estigmas en las palmas de sus manos. En torno suyo, se fue creando un nutrido grupo de fanáticos seguidores que pregonaban a los cuatro vientos sus fantásticas visiones. Pero ¿quién era aquel carismático vidente que tuvo su primera visión un año y medio después de la fecha inicial de las apariciones?...

Clemente Domínguez nació en Sevilla el 23 de abril de 1946. Desde pequeño recibió una educación católica muy severa. Por otra parte, sus tempranas tendencias homosexuales y su afición de electricista, hicieron que en algunos ambientes nocturnos sevillanos se le apodara "La voltio". En la época en que dieron comienzo los sucesos de El Palmar, Clemente ejercía de contable en la revista *Nuestra Ciudad*, de la Obra de San Juan de Dios. Uno de sus más íntimos amigos fue Manuel Alonso Corral, abogado que también trabajaba en la Obra de San Juan de Dios, aunque como gerente de la *Compañía de Seguros San Rafael*. Como más tarde veremos, este personaje es también otra pieza fundamental en todo este delirante tinglado.

Dicen que Clemente se acercó por simple curiosidad

Clemente Domínguez siempre aspiró a convertirse en Papa. Y lo hizo por su cuenta en agosto de 1978 con el nombre de Gregorio XVII.

hasta la finca La Alcaparrosa: *"Yo me enteré por la prensa y despertó mi curiosidad, como creo le ha ocurrido a todo el mundo. Y empecé a ir con unos amigos"*, cuenta el vidente a la periodista Pilar Uría, autora del libro *Los Excomulgados del Palmar de Troya*. Pero ¿realmente por curiosidad o porque allí vio un posible filón a sus ambiciones pseudomísticas?... Pepe Rodríguez escribe sobre Clemente que *"con una vocación sacerdotal frustrada, rechazado en sus varias intentonas de ingresar en alguna orden, parroquiano asiduo de cuanto sarao místico se organizara y pirrado por meterse en unos hábitos, vio abierto el cielo (y nunca mejor empleado el término) cuando se organizó el pastel de las apariciones palmarianas"*.

Clemente Domínguez, autoproclamado Papa Gregorio XVII y líder de la Iglesia palmariana.

Lo cierto es que Clemente no tuvo el menor pudor de afirmar, tras sus primeros éxtasis, que mantenía continuos contactos no sólo con la Virgen sino con numerosísimas figuras del santoral católico. En sus éxtasis, hablaba un santo detrás de otro, la Virgen y el Señor cada dos por tres, y si era necesario, no faltaba tampoco la voz autoritaria del mismísimo Dios Padre, cuyos mensajes carecían de la más mínima misericordia. El 15 de septiembre de 1973 transmite el siguiente aviso: *"¡Purificaré la tierra con fuego abrasador!. Habrá fuego por todas partes: en las calles, en los ríos, en los mares. No habrá por donde caminar"*.

Siempre acompañado de Manuel Alonso Corral, que se convirtió en su fiel lugarteniente, Clemente tuvo su primera estigmatización el 13 de abril de 1970, mientras se encontraba en la pensión en la que vivía tras haber abandonado la casa de sus padres cuando comenzaron sus visiones. Allí, junto a su cama, se le manifestó de nuevo el Padre Pío quien llevaba una cruz en la mano izquierda y un punzón en la derecha. *"Sufre esto por el Santo Padre, lo tendrás por breve tiempo"*, le dijo el místico italiano. Clemente cae al suelo y pierde la conciencia. Los que le ayudan observan que tiene sangre en las palmas de las manos. Tuvo otras estigmatizaciones más a lo largo de varios años, algunas en la frente y en el costado, que solía exhibirlo a los fotógrafos completamente ensangrentado y con una impresionante llaga abierta. Varios acólitos suyos afirman que el 25 de marzo de 1973 emanó del costado de Clemente nada menos que ¡dieciséis litros de sangre!. Por exagerar que no quede... Clemente y Alonso comenzaron a faltar al trabajo. El Padre Serafín Madrid, enterado de que tales ausencias se debían a que frecuentaban las apariciones de El Palmar de Troya, y de que encima Clemente tenía visiones, terminó por expulsar a ambos de la Obra de San Juan de Dios. *"Usted merece que le echen a patadas de aquí, porque es un impostor. Si usted ve a la Virgen, que Ella le dé de comer. ¡Márchese!"*, gritó a Clemente. Ya no había vuelta atrás. Así que los dos inseparables amigos haciendo caso al consejo del Padre Serafín decidieron comer de la Virgen, o dicho en otras palabras, sacar provecho de los fanáticos devotos que asiduamente visitaban el paraje aparicionista, algunos de los cuales pertenecían a familias muy adineradas. Pronto consiguen hacerse con el liderazgo del lugar, ante la atónita mirada de los restantes videntes. *"Ambos se distribuyen sus funciones con marcada nitidez. Mientras Clemente era el líder carismático, Manuel encarnaba el pensamiento lógico-racional"*, apunta el psiquiatra Alonso Fernández.

Manuel Alonso Corral, actual Secretario de Estado de la Iglesia palmariana, además de ser el verdadero cerebro financiero de este singular movimiento aparicionista.

Ya por esas fechas, a principios de los setenta, se dan cita en el lugar alrededor de ¡cien videntes!, o al menos eso asegura la prensa de la época. Había ocasiones en que se congregaban hasta 40.000 personas provenientes de los rincones más apartados de España, y las filas de coches a ambos lados de la carretera alcanzaban nada menos que dos kilómetros de extensión. Algunos sacerdotes integristas empezaban a dejarse caer por el lugar, y los mensajes marianos se fueron tornando más reaccionarios. Los que recibe Clemente anuncian grandes glorias para El Palmar. El 6 de enero de 1970, la Virgen da el siguiente mensaje: *"Hijos míos. Estáis en el lugar de las apariciones más grande del mundo. Ni lo ha habido ni lo habrá más... Este Sagrado Lugar está siempre rodeado de la Corte Celestial, porque está preparado para la salvación del mundo"*. Unos

Moisés Garrido en El Palmar de Troya (Sevilla), uno de los enclaves aparicionistas más célebres y polémicos de nuestra geografía.

meses después, Jesucristo anuncia: *"Pronto vendrá el terrible cisma. Mas vosotros acogeos bajo el santo manto de mi Santísima Madre y encontraréis la luz, el camino, y podréis distinguir dónde se encuentra el verdadero Papa"*. Y el 20 de agosto de ese año, el mismísimo Dios comunica: *"Hijos míos: en los días terribles que vendrán a la humanidad, la Sagrada Faz de mi divino Hijo será paño de lágrimas, porque mis verdaderos hijos se ocultarán tras ella. Será la Santa Faz verdadera ofrenda para que yo aplaque los castigos que enviaré a la humanidad..."*.

Mensajes que demuestran las verdaderas ambiciones que perseguía Clemente desde que pisó por vez primera el enclave aparicionista. En ellos ya encontramos elementos que luego compondrán los cimientos de la futura iglesia palmariana. Con esta sutil pero efectiva estrategia, el vidente –siempre respaldado por Manuel Alonso Corral– fue abonando el terreno para lo que más tarde se avecinaría. Todo perfectamente maquinado. Y así fue como en El Palmar se montó "la de Troya", y nunca mejor dicho...

La Iglesia rompe su silencio

CON LA PRESENCIA DE CLEMENTE los acontecimientos palmarianos se precipitan. El caso fue adquiriendo unos derroteros que terminaron por colmar la paciencia de la jerarquía eclesiástica. Ya era imposible permanecer callado por más tiempo. Así que el 18 de mayo de 1970, el Cardenal-Arzobispo de Sevilla, José María Bueno Monreal, difunde su primera nota oficial en relación a estos hechos:

"Queremos manifestar que, estudiados todos los elementos que han llegado a nuestro conocimiento sobre estos fenómenos, no solamente no aparece en ellos nada que presente carácter probable de intervención sobrenatural, sino que, por el contrario, existen muy serios motivos para estimar que se está produciendo una verdadera histeria colectiva, de tipo supersticioso, muy ajena a la verdadera devoción y religiosidad, que puede confundir a muchísimas personas y causar estragos en la fe.

En consecuencia, prohibimos la celebración de todo rito público religioso en el mencionado lugar; pedimos a los sacerdotes, religiosos y religiosas, tanto de la diócesis como de fuera de la misma, que no hagan acto de presencia en ninguna de aquellas manifestaciones mientras no fueren expresamente autorizadas, y exhortamos asimismo, a los fieles a que se afirmen en la fe, en la palabra de Dios según el magisterio auténtico de la Iglesia y procuren vivirla en un sincero compromiso de vida cristiana en la comunión con la Santa Madre Iglesia, en caridad, sencillez y sacrificio, y no en exhibiciones extrañas que no están aprobadas por la Iglesia ni conducen al honor de Dios ni a la salud de las almas".

Pero de nada sirven las serias advertencias del Arzobispado de Sevilla. Clemente y los suyos se crecen aún más. Y los mensajes se vuelven más venenosos contra la Iglesia católica... Jesucristo, en sus mensajes, exclama cosas como ésta: *"¡Oh pastores de mi Iglesia! ¿Qué estáis haciendo? ¿Queréis acabar con ella? Mas no podréis. Inicuos pontífices hay actualmente gobernando mi Iglesia, porque está llegando el poder de las tinieblas..."* O como esta otra: *"Roma se ha prostituido. Roma se abraza a los enemigos de la Iglesia... Al Papa no le dejan gobernar. La masonería y el comunismo están bien infiltrados en el Vaticano."*

Continúa aumentando progresivamente el número de seguidores en torno a Clemente y también comienzan las donaciones para apoyar su "apostolado divino", de claro tufillo preconciliar. En 1972 compra los terrenos de la finca La Alcaparrosa, así como varios locales de El Palmar, gracias a los 16.000.000 de pesetas de los de entonces donados por una acaudalada baronesa de bastante edad, a cambio de tener un lugar asegurado en el Cielo...

De nuevo, el Arzobispado de Sevilla intenta frenar lo que ya resulta imparable. En un comunicado oficial fechado el 15 de marzo de 1972, Bueno Monreal insiste en los mismos términos en que lo hizo la vez anterior, aunque añadiendo algo más:

Éxtasis de Clemente Domínguez, alias Gregorio XVII, en la Casa Papal el día 21 de enero de 2002.

"Prohibimos a los sacerdotes, religiosos y religiosas, tanto de la diócesis como de fuera de la misma, que hagan acto de presencia en dichos lugares; de lo contrario, nos veremos obligados a proceder contra los mismos con las penas canónicas correspondientes".

Pero Clemente y Manuel siguen centrados en su particular negocio divino, haciendo oídos sordos al dictamen del clero. Mientras, las celebraciones litúrgicas no autorizadas continúan celebrándose en el lugar de las apariciones sin temor a las represalias.

Llega el año 1973, y los dos deciden iniciar sus viajes proselitistas por Europa y parte de América para expandir los mensajes celestiales –aquellos con claras alusiones ultra-tradicionalistas y antiprogresistas– recibidos por el vidente. En su obra *El vidente ciego*, el periodista Fermín Cebolla precisa:*"Lo que distingue precisamente a la doctrina predicada por los visionarios de El Palmar es un anticomunismo militante y primitivo, que en el contexto español se tiñe además de la defensa más acérrima del franquismo"*. Consiguen así sustanciosas sumas económicas, tanto de grupos como de particulares que defienden ideales políticos y religiosos ultraconservadores.

Algunas de las publicaciones internas de la Iglesia palmariana.

La Orden de los Carmelitas de la Santa Faz

Todo va viento en popa para el tándem Clemente-Manuel. Y en 1975 se alcanza un momento decisivo para el fecundo movimiento palmariano. La tarde del 22 de diciembre de dicho año, Clemente cae en éxtasis y recibe un presunto mensaje de Jesucristo:

"Mis queridos hijos: En estos momentos se funda la Orden de los Carmelitas de la Santa Faz. Desde hoy comienza para vosotros esta Orden, que se prepara para la

Segunda venida de Éste que os habla, Cristo Jesús. Vosotros, aquellos que seáis fieles a las Reglas, brillaréis más que muchos. Porque sois los Carmelitas de la Santa Faz. La luz especial para la Iglesia, vendrá de esta Orden. Así que, desde este momento, queda constituida la Orden de los Carmelitas de la Santa Faz...".

Ya se van haciendo realidad los sueños megalomaníacos de Clemente. Sobre todo, cuando el 25 de diciembre de 1975 llega hasta El Palmar de Troya un arzobispo vietnamita integrista de nombre Pedro Martín Ngô Dinh Thuc —residente en Roma y hermano del asesinado presidente Diem—, de 78 años de edad, invitado por varios fieles palmarianos. El arzobispo celebra una misa

Más publicaciones internas de la Iglesia palmariana.

tridentina en el lentisco y, cuando está concluyendo, Clemente —¡cómo no!— cae en éxtasis, y la Virgen alaba el acto que allí se acaba de celebrar: *"No sabéis valorar la grandeza del Palmar de Troya y la grandeza que se ha sumado en el día de hoy con la presencia de un obispo de la Iglesia, celebrando el Santo Sacrificio de la Misa Tridentina Latina, de San Pío V".* Y a continuación, aprovechando la ocasión, la Virgen se dirige al arzobispo en los siguientes términos:

"Te pido una gracia especial que hace falta en este Sagrado Lugar: Es necesario la consagración de nuevos Obispos. ¡Muy necesario! ¡Muy necesario! ¡Urgente! Aquí hay varios sacerdotes que necesito que sean consagrados Obispos... Es necesario, para que estos Obispos, a su vez, ordenen sacerdotes y restablezcan la Santa Tradición de la

Iglesia. He aquí el trabajo que te corresponde en tus años de anciano... En tus manos dejo esta misión.".

Dicho y hecho. En la noche de fin de año, y después de oficiar durante cuatro horas una misa de pontifical ante más de trescientas personas, monseñor Dinh Thuc ordena "sacerdotes" a Clemente Domínguez, a Manuel Alonso, al francés Louis Moulins y a los irlandeses Francis Coll y Pablo Fox.

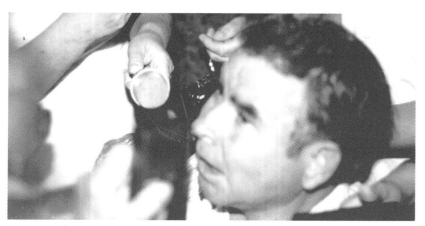

Éxtasis de Antonio Anillos, vidente de El Palmar de Troya.

El Arzobispado de Sevilla reacciona de nuevo ante lo que considera un grave acto de desacato y rebeldía. Así pues, el 2 de enero de 1976, su Oficina Diocesana de Información hace pública varias precisiones de las que extraemos los siguientes puntos:

"...Si, por lo que afirma la prensa, y no obstante tal advertencia, ésto ha tenido lugar en la medianoche del día 31 de diciembre de 1975 en El Palmar de Troya, la responsabilidad de tan grave paso recae exclusivamente sobre sus autores, quienes quedan afectados por las penas canónicas que establece la legislación de la Iglesia para semejantes casos. El señor cardenal ha dado cuenta inmediata a la Santa Sede de tan lamentables hechos.

Por último, Su Eminencia Reverendísima pide encarecidamente a sacerdotes y fieles que no se dejen confundir por estas desviaciones ni acepten otro culto o jurisdicción que no sean los de la Iglesia diocesana, en comunión con su prelado".

Pero ya no hay quien frene a los palmarianos. Ellos a quien tienen que obedecer son a las "huestes celestiales", que para eso tienen hilo directo con

EL PALMAR DE TROYA: 35 AÑOS DE CISMA

115

ellas. Y el 10 de enero, llega otro nuevo y oportunísimo "mensaje sobrenatural", esta vez de la Santísima Virgen. *"Yo soy la que tengo potestad dada por Dios para instruiros y para deciros: Que es necesario la Consagración episcopal en este Sagrado Lugar, y no en privado como ibais a hacerlo. Es muy importante para vuestra misión en la Iglesia y en el mundo que haya testigos presenciales de vuestra Consagración Episcopal... Yo, como Divina Pastora, determino que la Consagración Episcopal debe celebrarse en este sagrado lugar, en el transcurso de esta noche"...*

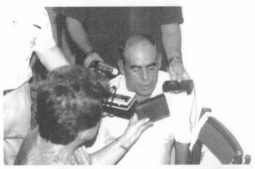

Éxtasis de Pepe
Cayetano,
vidente de
El Palmar de Troya.

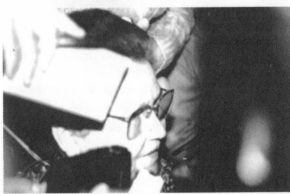

Éxtasis de Rosario
Arenillas,
vidente de
El Palmar de Troya.

Monseñor Dinh Thuc se encarga nuevamente de obedecer los "designios divinos", y consagra obispos a Clemente Domínguez, Manuel Alonso y tres miembros más de la Orden palmariana. Las consagraciones episcopales, ilícitas aunque válidas según los entendidos, hicieron que las autoridades eclesiásticas dieran el paso definitivo para intentar poner fin a tan descarado montaje pseudoreligioso. Por lo pronto, el 14 de enero, Bueno Monreal firma un extenso comunicado pastoral en el que, entre otras cosas, se recoge que:

Moisés Garrido Vázquez

"Declaramos irregulares las ordenaciones y consagraciones efectuadas y consideramos suspensos 'a divinis' a los interesados con prohibición absoluta por nuestra parte de que ejerzan el ministerio sagrado.

Prohibimos igualmente y con la misma severidad a los fieles diocesanos y a quienes vengan de fuera cualquier tipo de participación en cultos presididos o en sacramentos administrados por estas personas.

Denunciamos públicamente como irregular la constitución de la asociación llamada de los 'Carmelitas de la Santa Faz' y declaramos que no puede acogerse al régimen canónico de asociaciones aprobadas o erigidas por la autoridad de la Iglesia católica.".

El Vaticano también quiso dejar las cosas en su sitio. Y al día siguiente de hacerse pública la anterior nota oficial, el Nuncio Apostólico en España, Monseñor Luigi Dadaglio, comisionado por el Papa, procede a la excomunión del arzobispo Dinh Thuc y de los cinco obispos consagrados por él:

"Siendo deber de la Iglesia velar por la pureza de la fe, por la santidad de los sacramentos y por la observancia de la disciplina eclesiástica, considerados diligentemente los hechos relativos a las presuntas ordenaciones episcopales en El Palmar de Troya, declaramos que el arzobispo Pedro Martín Ngô Dinh Thuc y los señores Clemente Domínguez Gómez, Manuel Alonso Corral, Camilo Estévez Puga, Miguel Donnelly y Francisco Bernardo Sandler, han incurrido, desde el mismo instante de la comisión de este delito, en la pena de excomunión reservada especialísimamente a la Santa Sede. Esta pena canónica viene impuesta por el decreto del Santo Oficio, de 9 de abril de 1951...".

Pero las ordenaciones sacerdotales y las consagraciones episcopales no sólo no se interrumpen, sino que se multiplican. Y es que cualquiera que se acercara hasta El Palmar con devoción –y con los bolsillos llenos-, podía convertirse de la noche a la mañana en obispo palmariano. No nos extraña, por tanto, que en unos meses, la *Orden de los Carmelitas de la Santa Faz* –cuya misión, dicen, es salvar a la Iglesia y preparar el camino para la Segunda Venida de Cristo– ya contase con medio centenar de obispos, algunos incluso menores de edad... *"Nosotros no necesitamos permiso de Roma para ser ordenados obispos. Lo somos por vía extraordinaria y sobrenatural"*, puntualizaba el propio Clemente.

El desaparecido periodista Joaquín Gómez Burón, se acercó hasta el lugar como enviado especial de la revista *Personas*. En su edición del 15 de febrero de 1976, aparecía publicada la interesante entrevista que realizó a Manuel Alonso Corral. A la pregunta de si les había afectado la excomunión, el lugarteniente de

Clemente responde: *"En absoluto. No puede afectarnos una excomunión que nos llega de unos señores obispos, arzobispos y leguleyos eclesiásticos que ya estaban ellos previamente desde hace mucho tiempo, y repetidamente, excomulgados por Dios de una manera directa y rotunda (...) De modo que la excomunión de ellos no puede afectarnos a nosotros, porque no tienen facultad para llevarla a cabo".* Y tan campante...

El Palmar de Troya, S.A.

LAS DONACIONES SIGUEN LLOVIENDO desde los cuatro puntos cardinales. Clemente y Manuel se las ingeniaron bastante bien para conseguir acólitos en

El arzobispo vietnamita Pedro Martín Ngô Dinh Thuc, de clara línea integrista, armó un gran revuelo tras consagrar como obispo al vidente Clemente Domínguez.

diversas partes del mundo. España se llena de filiales palmarianas. Por supuesto, gente a la que le interesa que se propaguen determinadas ideologías ultraconservadoras. Nostálgicos que consideran fundamental mantener lo más vivo posible el doctrinario integrista que, a través de presuntos mensajes celestiales, se nos vende desde El Palmar de Troya. Hay que apoyar, pues, el movimiento palmariano. Hacerlo grande. Y para ello se requiere mucho dinero. En esos primeros meses de 1976, reanudan sus peregrinaciones proselitistas con ese desmedido afán lucrativo.

Desgraciadamente, cuando el 29 de mayo de ese año regresan de Francia, sufren un terrible accidente. Circulando por la autopista Bilbao-Behobia, a la altura del km. 32, el vehículo derrapa, se sale de la carretera e impacta violentamente contra la valla de protección. Un trozo de cristal del parabrisas se incrusta en los ojos de Clemente Domínguez, estallándole los globos oculares. Su ceguera es irreversible. Los restantes acompañantes, cuatro obispos palmarianos, salen ilesos del accidente. ¿Castigo divino?... Clemente, que ha estado aguardando inútilmente un milagro de la Virgen durante todos estos años, se resigna diciendo que *"más vale entrar en el cielo sin ojos, que en el infierno con ellos"...*

Pero su moral no disminuye ni un ápice. Parece recobrar pronto las fuerzas y aún se siente más arropado por sus seguidores que consideran ya a Clemente como un mártir, alguien que está pasando por innumerables sufrimientos impuestos por el "cielo" para probar su sacrificio por la misión que le ha sido encomendada.

Hablaba antes de las cuantiosas donaciones que perciben los líderes de la Orden palmariana. Para que se hagan una idea —y hablamos de mediados de los años setenta del pasado siglo-, se gastan 35 millones de pesetas en la construcción de un muro de seiscientos metros de diámetro y cuatro de altura para rodear los terrenos de su propiedad. Derriban el cobertizo de uralita bajo el cual tenían un altar para oficiar misa —justo en el lugar donde las niñas tuvieron la primera aparición-, y comienzan a levantar, sobre una superficie de 3.500 metros cuadrados, una enorme basílica, de estilo entre colonial y bizantino, que a fecha de hoy todavía sigue sin estar finalizada. Su valor actual se calcula nada menos que en torno a los trece millones de euros. Pero eso no es todo. Por aquellas mismas fechas, compran varios inmuebles en El Palmar y en Sevilla capital. Con el tiempo, han ido invirtiendo parte de su fortuna en terrenos y propiedades inmobiliarias. A día de hoy, el patrimonio de la *Orden de los Carmelitas de la Santa Faz* puede rondar alrededor de los sesenta y dos millones de euros. No se asusten. Téngase en cuenta que Clemente quería montar en El Palmar de Troya su propio Vaticano. Y tenía que emular —o superar si fuese posible— al de Roma en cuanto a ostentación, lujo y riquezas... Al menos, Jesucristo no se anduvo con divagaciones en su mensaje del 4 de agosto de 1976:

"Ya es hora que se sepa la verdad: Estoy preparando al futuro Papa, paso a paso. Ahora, sufres esta cruz. Después, vendrá otra mayor... Verás, hijo queridísimo, si tú sigues siendo

firme a mi voluntad, cómo haré de ti un gran Papa... Tu serás el futuro Pedro, el Papa que consolidará la Fe y la integridad de la Iglesia, luchando contra las herejías con gran fuerza, porque te asistirán legiones de ángeles (...) Este Papa reinará con el nombre de Gregorio... la Gloria de las Olivas... El Papa que ocultará el nombre de Clemente, para tomar el nombre nuevo de Gregorio".

¡Habemus Papam!

EN ESE AÑO DE 1976, los sacerdotes y obispos palmarianos comparecían cada dos por tres en el Juzgado de Instrucción de Utrera, acusados de usurpación de

Estado en el que quedó el vehículo en el que viajaba Clemente tras sufrir el accidente en la carretera Bilbao-Behobia.

funciones y uso indebido de traje eclesiástico. Debido a su condición de excomulgados, el asunto quedaba en manos de las autoridades civiles y no de las eclesiásticas. Pero pagaban las fianzas impuestas y quedaban en libertad. Sin embargo, pese a que se les prohibía tajantemente realizar cualquier acto litúrgico en El Palmar, al regresar al lugar de las apariciones, Clemente tenía una nueva "revelación divina" que le animaba a hacer lo contrario, o sea, a desobedecer a la autoridad judicial, en este caso, al juez Don Alejandro Alvarez Macias. Al final, Clemente y Manuel fueron detenidos por la Guardia Civil y conducidos al depósito municipal carcelario que existía en el Ayuntamiento de Utrera donde pasaron una noche.

Los mensajes siguen insistiendo en que El Palmar de Troya será la sede del nuevo Vaticano, que será gobernado por Clemente. *"Mis queridos hijos: El mundo no se da cuenta de la importancia de este Sagrado Lugar, donde se consolidará el Gran Papado y el Gran Imperio, el Imperio de Cristo. Este futuro Papa de la Gloria de las Olivas, que llevará junto a la cruz la espada, restablecerá el orden en toda la faz de la Tierra"*, proclama la Santísima Virgen el 31 de mayo de 1977.

Y llegó el esperado día... Pablo VI muere el 6 de agosto de 1978. Clemente se hallaba de viaje pastoral en Bogotá (Colombia). No tardaría en recibir la visita de Jesucristo, acompañado esta vez por San Pedro y San Pablo. La ocasión lo merecía. Y es que el propio Hijo de Dios nombra y corona Papa a Clemente quien, seguidamente, se cambia su nombre por el de Gregorio XVII.

"Día grande el de hoy, en el que eres investido de la dignidad papal, en este día de la Transfiguración del Monte Tabor (...) Sólo los sencillos y humildes de corazón reconocerán al que es verdadero Papa: el Papa Gregorio XVII... Comienza el gran Pontificado de la Gloria de las Olivas...", anuncia Jesucristo.

Éxtasis de Su Santidad el Papa Gregorio XVII en la Casa Papal de Sevilla día 21-1-2002

Cuando el 9 de agosto regresa a España, los miembros de *la Orden de los Carmelitas de la Santa Faz*, con

Portada de uno de los recientes documentos difundidos por la Iglesia palmariana entre sus fieles. De nuevo el Papa cismático ha retomado los éxtasis.

el Colegio Episcopal al frente, le reciben con todos los honores y le pasean por las calles de El Palmar de Troya, con la tiara sobre la cabeza y sentado en la silla gestatoria, al grito de *"¡Viva el Papa Gregorio XVII!"*. Una semana después, el Papa cismático es coronado canónicamente por cuatro cardenales palmarianos. Manuel Alonso, conocido en la Orden como Padre Isidoro y convertido ahora en Secretario de Estado de la misma, gritó emocionado: *"¡Habemus Papam!"*. Tras la pomposa ceremonia, toda la curia palmariana besó los pies y el anillo del nuevo Pontífice, como muestra de obediencia y sumisión.

En pleno centro de Sevilla es donde instalan el "cuartel general" para el nuevo Vicario de Cristo. Así, en el histórico barrio hispalense de San Vicente, concretamente en la calle Abad Gordillo n° 5, establecen el Palacio Apostólico, donde antes estaba ubicado el Hotel Sudán. En el n° 4 y 12 de esa misma calle, poseen garajes y otros inmuebles de su propiedad. Muy cerca de allí, en el n° 18-20 de la calle Redes tienen la Casa Generalicia; en el n° 11

Basílica palmariana erigida por el Papa Gregorio XVII y cuyo coste alcanza los dos mil millones de pesetas. Un ejemplo gráfico de las megalomanías de Clemente Domínguez: convertir El Palmar de Troya en un nuevo Vaticano.

de esa misma calle, se encuentra el Seminario; más doce casas que ocupan 4.200 metros cuadrados del barrio del Museo. En total, más de doscientos millones de pesetas de las de entonces...

Gregorio XVII comienza con fuerza su pontificado. De un plumazo, condena la misa moderna e instaura la misa tridentina. Canoniza a Francisco Franco, José Antonio Primo de Rivera, Carrero Blanco, Escrivá de Balaguer y muchos otros personajes de la España olvidada. Más tarde, en octubre de 1980 convoca el "Santo Concilio Palmariano", inspirado en el de Trento, en el que excomulga a Juan Pablo II por *"usurpador, apóstata, traidor, antipapa, per-*

MOISÉS GARRIDO VÁZQUEZ

Sagrado decreto apostólico de la Iglesia palmariana, en el que se indica la conmemoración del 2002 como Año Santo Palmariano.

Sagrado decreto de la Iglesia en el que se informa que el Papa Gregorio XVII convoca a todos los obispos de la Orden para participar en los actos del 12 de octubre de 2002.

Informe del Servicio de Oftalmología del Hospital Ntra. Sra. de Aranzazu, certificando la ceguera total de Clemente Domínguez debido a su accidente automovilístico.

verso y precursor del Anticristo". Clemente lo tiene clarísimo, y Jesucristo al parecer también, según se aprecia en uno de sus mensajes de aquella época: *"Roma, la Gran Ramera de los Últimos Tiempos ha dejado de ser la Capital de la Cristiandad; pues, la nueva Roma es el Sagrado Lugar del Palmar de Troya. Pablo VI ha cerrado la Historia del Papado en Roma. Gregorio XVII, Papa, ha comenzado la historia del Papado en El Palmar de Troya..."*.

La Santa Faz que se venera en la Iglesia palmariana.

El *Correo de Andalucía*, inició en enero de 1970 una serie de reportajes sobre los acontecimientos de El Palmar.

Antes de que se llegase a esta situación, el arzobispo vietnamita Pedro Martín Ngô Dinh Thuc, consciente de su grave error, envió sendas cartas al Arzobispo de Sevilla y a Clemente Domínguez, en las que se retractaba de su actuación en El Palmar mostrando su total arrepentimiento. De la carta dirigida al Arzobispo Bueno Monreal, extraemos algunos párrafos:

"Hace poco me he dirigido al Santo Padre para implorar su perdón y la absolución de las censuras canónicas en que he incurrido por haber ordenado recientemente, en el lugar llamado El Palmar de Troya, en la archidiócesis de Sevilla, a unos sacerdotes sin letras dimisorias y consagrados obispos sin el mandato apostólico.

Me ha inducido a error un visionario, Clemente Domínguez, quien me aseguró que en una visión el Señor y la Virgen le habían manifestado su deseo de que se procediera a estas ordenaciones, y ellos salían fiadores de parte del Santo Padre del mandato apostólico. De este modo, y sin quererlo, he ocasionado un grave escándalo a los fieles y un daño inmenso a la Iglesia, poniendo en peligro su unidad. Mi responsabilidad es tanto mayor cuanto que Su Eminencia me había prohibido formalmente proceder a esas ordenaciones. Reconozco mis errores, pidiéndole perdón por una acción tan inconsiderada...".

Roma, finalmente, decidió levantarle la excomunión.

Junto a la Basílica palmariana se erige esta cruz como desafío contra el imperio levantado por Clemente Domínguez.
Los sábados siguen reuniéndose en este lugar los primeros videntes para tener sus encuentros "celestiales".

Sectarismo y deserciones

"ESTA GENTE VIVE EN UN BÚNKER, *es una secta muy hermética", me cuentan los vecinos del Barrio de San Vicente. Y así es. En más de una ocasión, he intentado entrar en sus fortalezas, pero es imposible. Te reciben en la puerta. Y evitan por todos los medios hablar contigo si llevas una grabadora o cámara de fotos. Me hubiese encantado haber entrevistado a Clemente o a Manuel, pero es una misión imposible. Hace muchos años que no quieren saber nada con ningún medio de comunicación. De todas formas, he conseguido entablar conversación, no sin cierta dificultad, con algún que otro sacerdote palmariano, por supuesto haciéndome pasar por fiel seguidor de Gregorio XVII para poderme ganar su confianza. También he logrado mantener correspondencia incluso con algunos jerarcas de la Orden. Ello me ha permitido hacerme con una documentación valiosísima. Opúsculos, mensajes, avisos de actos litúrgicos, sermones, decretos apostólicos, definiciones dogmáticas, biblias y catecismos palmarianos, etc.

Tampoco resulta fácil entrar en la Basílica Catedralicia de El Palmar. Y menos aún acceder con cámaras. Son muy reservados y vigilan en todo momento tus movimientos. Y hay que ir recatadamente vestidos. Son las normas dictadas por el propio Gregorio XVII. En su *Decreto Apostólico* de fecha 18 de septiembre de 1978 expone las siguientes obligaciones para entrar en el recinto de la Orden palmariana:

"La mujer: La cabeza cubierta (velo, mantilla, etc.) Vestido, cuatro dedos, como mínimo, por debajo de las rodillas, no muy ceñido, no transparente, manga larga, no escotado. Piernas cubiertas con medias a partir de los 14 años de edad, debiendo usar, por lo menos calcetines, las menores de esta edad. No pantalones.

El hombre: Vestido con dignidad y decencia (manga larga, camisa cerrada, etc. etc.).

Tanto la mujer como el hombre deberán observar, en cualquier parte donde se hallen, las reglas de moral en el vestir que les distingan como personas auténticamente cristianas. Queda totalmente prohibido para la mujer el uso del pantalón, ya que es prenda exclusiva del hombre...".

He tenido la oportunidad de entrar varias veces en la Basílica y siempre quedo maravillado por los espectaculares retablos, tallas y cuadros que decoran su interior, todo ello de incalculable valor. Piezas algunas antiquísimas. Recuerdo a un sacerdote vestido de paisano, natural de Santander, que me dijo a las puertas de la fastuosa basílica, que ya quisiera él para su parroquia la cuarta parte de las obras de arte que los palmarianos tienen allí dentro. Téngase en cuenta que sólo la Custodia del Corpus Christi está valorada en más de un millón ochocientos mil euros, y los quince pasos de Semana Santa, estimados en unos trescientos mil euros. Dentro del templo, se ofician continuas misas en latín, hasta treinta diarias. Cuando se traspasa la enorme puerta de hierro que separa la Basílica del exterior, es como viajar en una máquina del tiempo y aterrizar en la Edad Media. El ambiente que allí dentro se respira recuerda esa época oscurantista. Al salir de allí, uno piensa en el enorme imperio económico que Clemente ha ido cosechando durante sus 25 años de pontificado. Quizás ese sea el auténtico milagro. Ni él mismo podía imaginárselo cuando visitó por primera vez la finca La Alcaparrosa...

"Palacio Apostólico" del Papa Gregorio XVII, sito en la calle Abad Gordillo de Sevilla

Conseguido el poder religioso y económico, Clemente Domínguez, alias Gregorio XVII, se convierte en un auténtico líder sectario. Delirios pseudomesiánicos y aires de grandeza nunca le faltaron. De hecho, utiliza las mismas artimañas que cualquier otro "iluminado" para controlar a sus adeptos. Y además, se adueña de todas sus pertenencias. La víctima, queda así a merced del líder. Obedece ciegamente lo que éste le ordene. En el caso de Clemente, emplea la tan utilizada amenaza del pecado y del infierno. La vida de los palmarianos se hace insoportable. Quedan incomunicados con el mundo exterior y reciben continuos castigos cuando no cumplen las severísimas reglas de la Orden. Las condiciones higiénicas, sanitarias y alimenticias son pésimas. Algunos palmarianos optan por la deserción. Es el caso del obispo palmariano Enrique Moyano Mozo, conocido en la *Orden de los Carmelitas* como Padre Felipe. Sus declaraciones al diario *ABC*, en enero de 1979, no tienen desperdicio. Es su venganza particular por el mal trato recibido dentro de la comunidad clementina, caracterizada por un régimen extremadamente autoritario y una jerarquía piramidal. Este ex-carmelita revela que algunos jóvenes novicios han sido víctimas de vejaciones y abusos deshonestos por parte de algunos obispos palmarianos. Así lo contaba al periodista Antonio de la Torre: *"El padre Leandro es el director espiritual y de ceremonias. Se caracteriza por su gran soberbia y es afeminado en todos los sentidos de la palabra. Cuando llegó el 'hermano' Juan —un colombiano de dieciocho años— le dijo en su propia habitación que se bajara los pantalones para saber si era virgen, y le preguntó que si había pecado con mujeres. Le dijo también que no tuviera miedo, que él era su director espiritual. Después le depilaron los órganos genitales y llegaron incluso a la masturbación".*

Algunos padres luchaban por rescatar a sus hijos de la secta palmariana. Y nos consta que no lo tuvieron nada fácil. Hubo además miembros que fueron ingresados en clínicas psiquiátricas. Sus delirios alcanzaban tal grado, que llegaban a autocastigarse físicamente de una forma brutal. El 16 de diciembre de 1982, el sacerdote palmariano José Andrés del Valle, de 26 años de edad, se corta el pene y los testículos y con un trozo de espejo se perfora el ojo derecho. Fue, según él, la mejor manera que encontró para purgar sus pecados. Otros recurrían a colocarse anillas en el pene, que les provocaban serios dolores. Decían que la lujuria les tentaba muy a menudo y tenían que utilizar remedios drásticos. Mientras ésto pasaba, el Padre Justiniano Perdomo era detenido en Algeciras acusado de estafar doscientas mil pesetas. Otros sacerdotes se liaban a bofetones limpios en plena vía pública... Y podíamos seguir contando mil y una historias relacionadas con la excelsa e inmaculada *Orden de los Carmelitas*. He aquí el auténtico rostro de la Orden palmariana. Todo un ejemplo de vida cristiana y de elevada moral ¿no creen?... Pero más sorprendente resulta que, pese a este "pulcro" historial, la secta palmariana lograse en 1988 ser inscrita en el Registro de Asociaciones Religiosas del Ministerio del Interior, bajo el nombre de *Iglesia Cristiana Palmariana*. Paradojas de la vida...

La cruzada de un disidente

HE VISITADO EL PALMAR DE TROYA un sinfín de veces. Allí he seguido muy de cerca los éxtasis de los videntes adultos que comenzaron esta historia, pues según aseguran aún continúan teniendo visiones y recibiendo mensajes en el mismo lugar de siempre. He entrevistado a algunos de estos videntes. Son gente sencilla, que creen lo que cuentan y que se sienten elegidos por la Virgen para llevar sus mensajes celestiales a aquellos que se acercan por allí todos los sábados por la tarde. Tienen sus "contactos divinos" a escasos metros del muro que flanquea los terrenos donde se halla la Basílica Palmariana. Se siguen dando cita videntes como Rosario Arenillas, Antonio Anillos, Manuel Fernández, Antonio Manzano... Parece como si el tiempo se hubiese detenido en aquellos primeros años de las apariciones. La estampa es la misma que narran los cronistas de la época. Nunca me han impedido que grabe con mi videocámara sus éxtasis o que les fotografíe de cerca. Ellos están en lo suyo. Aunque en ocasiones, algún que otro presunto mensaje de la Virgen ha ido dirigido a mi persona. Me instaba a propagar la verdad de todo aquello. Y es lo que estoy haciendo...

Uno de los garajes donde los miembros de la Orden palmariana guardan sus vehículos en el barrio San Vicente de Sevilla.

Esos videntes no están solos. En la figura del sacerdote Félix Arana Arenal, ex-obispo palmariano, han encontrado a un verdadero guía espiritual. De hecho, el Padre Félix es quien coordina esas reuniones que todos los sábados agrupa a los videntes y a los devotos que hasta allí se acercan para orar y presenciar los éxtasis. Tales apariciones fueron en su día bautizadas con el nombre de "La Cruz Blanca", por la cruz que allí mismo instalaron.

El Padre Félix ha sido una de mis principales fuentes de información sobre el caso de El Palmar de Troya. Es un hombre extremadamente educado, cordial, con grandes conocimientos teológicos. Siempre me ha atendido muy amablemente cada vez que he ido a entrevistarle en su despacho del *Santuario del Inmaculado Corazón de María*, sito en la calle Tulipanes 33 del Palmar de Troya. Él ha vivido en primera persona los principales acontecimientos palmarianos. Y ha tenido la gentileza de facilitarme documentos muy interesantes, libros escritos por él, y multitud de mensajes recibidos por los videntes y que él mismo se ha encargado de mecanografiar. Su vinculación con los miembros de la *Orden de los Carmelitas* hizo que le consagrasen obispo el 27 de febrero de 1976. Sin embargo, pocos meses después decide abandonar la comunidad palmariana al observar que los mensajes de Clemente contenían graves fallos teológicos, morales y pastorales, y que la obsesión del vidente era convertirse algún día en Papa y crear una Iglesia paralela a la de Roma. En un pequeño librito titulado *¿Traición en El Palmar? ¡Alerta!*, que salió a la luz en 1977, el Padre Félix hace la siguiente denuncia:

"Condenamos los subterfugios y añagazas de que se vale Clemente Domínguez Gómez para atraer a sus redes a incautos devotos del Palmar con intenciones claramente crematísticas, por medio de mensajes cuya simple lectura en plan ecléctico, claramente da a conocer la falsedad de los mismos (...)

Negamos autenticidad a todo mensaje emanado de Clemente Domínguez por las notables faltas de caridad de que adolecen los mismos lo cual es totalmente antievangélico, y por el destacado orgullo, vanidad y soberbia que rezuman por doquier".

Desde su deserción del grupo clementino, el Padre Félix, aunque de ideas integristas, ha mantenido una particular y feroz cruzada contra Gregorio XVII y su curia palmariana. *"Yo soy el enemigo número uno de ellos"*, me dice sonriendo. Los restantes videntes se unieron al Padre Félix y entre todos crearon el grupo de *La Cruz Blanca* que ha sabido mantener, digamos, la esencia de los primeros años. *"Estos humildes videntes, analfabetos, continúan con la misma carismática de aquellos tiempos, con los mismos mensajes, siempre el mismo mensaje: oración, sacrificio, amor al prójimo, caridad, práctica de la solidaridad... Y así continuamos"*, me indica el Padre Félix.

¿Pero quién es el Padre Félix?... Su biografía es muy peculiar. En la época en que visitó El Palmar de Troya, enero de 1976, era un hombre de 53 años residente en Barcelona y dedicado a los negocios turísticos. Estaba de vacaciones por el sur de España, y aprovechó para acercarse por el lugar de las apariciones, atraído por las noticias que le habían llegado. Según me cuenta, terminó convencido de la veracidad de aquellos éxtasis. ¿Las razones?: Los videntes, durante sus éxtasis, acertaron hechos concretos de su vida pasada, que nadie de allí podía conocer. Por ejemplo, en una de las ocasiones, la Virgen pidió que pusiera las reliquias en manos consagradas, y el vidente se abrió paso entre el gentío, se acercó hasta Félix Arana y le entregó los objetos. Y es que, antes de dedicarse al negocio turístico, Arana había sido sacerdote claretiano hasta 1956, año en que decidió colgar los hábitos. ¿Y cómo podía saberlo el vidente?... En una de las entrevistas, me transmite lo que sintió en aquellos momentos: *"Se fueron acumulando estos casos de hierognosis, como se llama técnicamente, conocimiento de cosas sagradas, y me dije 'Bueno, parece que el Señor quiere que permanezca por aquí un tiempo'... Poco a poco vi que tenía una transformación espiritual tremenda, que me hacía recordar los tiempos del noviciado en Álava, y un ansia inmensa interior de volver al altar"*. Y así fue como retoma de nuevo los hábitos y decide quedarse definitivamente en El Palmar. Algo que también los videntes le anunciaron.

Hoy, además de oficiar misas en latín en su santuario, el Padre Félix está entregado enteramente a *La Cruz Blanca*. Graba y transcribe los mensajes de la Virgen, los fotocopia y los envía a grupos de devotos marianos, cenáculos de oración y particulares de todo el mundo. Sin duda, es feliz con lo que hace. Y, sobre todo, tras haber sido recibido en audiencia privada por el actual Arzobispo de Sevilla, D. Carlos Amigo Vallejo. Eso sucedía el 16 de abril de 1986. En dicho encuentro, el Arzobispo le dijo: *"Quiero que en adelante se me tenga informado acerca de todo lo que allí sucede. Deseo formarme un juicio de valor acerca de ello, pues veo que se trata de algo digno de estudiar"*.

1998: Celebrando el 30° aniversario

DURANTE LOS ÚLTIMOS AÑOS, muchos han creído que la historia de El Palmar de Troya era algo que pertenecía al pasado. Que ya todo aquello estaba apagado. Incluso se ha especulado con la posibilidad de que Clemente hubiese fallecido a consecuencia de un cáncer de estómago. Y nada más lejos de la realidad. En las diversas visitas que he realizado durante la última década, he podido comprobar el habitual trasiego de palmarianos, he tenido acceso a documentos internos en los que se da buena cuenta de los numerosísimos actos religiosos, y he conseguido los últimos sermones de Gregorio XVII anunciando su misión mesiánica para estos presuntos tiempos apocalípticos. Es más, este visionario ha logrado incrementar notablemente su apostolado proselitista, intentando captar nuevos adeptos. Sus palabras son bastante explícitas: *"Hay muchos que pueden hacer apostolado entre sus familiares, amistades, así como gentes que conocen en otros países (...) Hay que multiplicar el número de los palmarianos, porque hay que salvar al mundo".* Además, recientemente ha vuelto a recurrir a los éxtasis, que abandonó cuando se convirtió en Papa. Hoy, no tengo la menor duda de que el movimiento palmariano se ha revitalizado de forma increíble, sobre todo, desde que en 1998 celebrasen el 30º aniversario de la primera aparición de la Virgen en el lentisco.

Clemente Domínguez, ataviado como el Sumo Pontífice, es uno de los videntes aparicionistas más megalomaníacos del siglo XX. Fue excomulgado por el Vaticano.

"Nos, Sumo Pontífice, Vicario de Cristo, Sucesor de San Pedro, Siervo de los siervos de Dios, Patriarca del Palmar de Troya, de Gloria Olivae, Espada Flamígera de Elías, Mensajero Apocalíptico. Nos, como Padre Universal de la Iglesia, con motivo de cumplirse el día 30 de marzo del presente año 1998, el Treinta Aniversario de la Primera Aparición de la Santísima Virgen María en el Sagrado Lugar del Palmar de Troya: Declaramos y proclamamos Mes Santo Palmariano, el comprendido entre los días 14 de marzo y 12 de abril del presente año 1998, ambos inclusive...".

Así iniciaba Gregorio XVII su sermón del 8 de enero de 1998, ante cientos de feligreses que se habían congregado en la Basílica Catedralicia. Ya, Manuel Alonso Corral, Obispo Secretario de Estado de la Orden, se había encargado de citar a los seguidores palmarianos de todo el mundo *"para que vengan en peregrina-*

ción a la Santa Sede Apostólica del Palmar de Troya, durante el Mes Santo Palmariano, para que se beneficien de las especialísimas indulgencias concedidas a dicho mes".

En un *Decreto Apostólico* difundido entre los altos mandos palmarianos, Gregorio XVII obligaba *"bajo pena de excomunión a que todos nuestros Obispos Misioneros de las distintas diócesis del mundo, deberán estar en esta Santa Sede Apostólica de Sevilla, sin demora alguna, antes de que transcurra el próximo día 28 de marzo, al ser ésta la fecha tope, con el fin de estar presentes en los Cultos de la Semana Santa Palmariana, y luego permanecer aquí hasta nueva orden de regreso".*

Está claro que, al margen de celebrar tan especial efemérides, *Gregorio XVII* pretendía congregar al mayor número de sacerdotes y feligreses para reactivar el moviento palmariano y presentarse ahora como el verdadero salvador de la humanidad. El fin del mundo estaba cerca y había que estar muy preparados: *"Durante 1999 hemos de librar la gran batalla de nuestra salvación (...) Debemos estar prevenidos con las armas espirituales para guerrear valientemente contra el enemigo infernal y vencerle hoy, mañana y siempre. Y no queda otra alternativa: o estar dispuestos a dar la gran batalla al enemigo, o renunciar al reino eterno que es dado en galardón al victorioso soldado".*

Con esta advertencia, realizada a finales de 1998, Gregorio XVII pretendía fortalecer la Orden palmariana evitando más deserciones, coaccionando aún más a sus obedientes adeptos, y asegurándose así las donaciones. La unión hace la fuerza... Por algo, en dicho año pronunció nada menos que una veintena de sermones, y en la Iglesia palmariana celebraron casi ¡tres mil misas!... *"¡Pregonad al mundo! ¡Proclamad a las naciones! Anunciad al mundo entero que el Arca Apocalíptica de Noé está aquí, en este Sagrado Lugar, en esta Basílica Catedralicia, donde reina la Faz de Nuestro Señor Jesucristo, la Luz; en donde está el verdadero Papa, Gregorio XVII, De Gloria Olivae, la Gloria de los Olivos!"*, gritaba exaltado Clemente ante el júbilo de sus seguidores. En esos discursos instaba a los presentes a volver a las cosas tradicionales y a olvidarse de la música, la televisión, el modernismo, etc. Sugería además que los niños que han hecho la Primera Comunión, están ya preparados para oír sus predicaciones. Incluso desaconsejaba las relaciones entre palmarianos y aquellos que no lo son. Algo que se repite en otros grupos sectarios. *"Haced todos un examen de conciencia de cómo estáis permitiendo amistades a vuestros hijos que se oponen a la Iglesia palmariana; de cómo estáis permitiendo que jóvenes, hijos vuestros varones, salgan con mujeres no palmarianas; que hijas vuestras salgan con varones no palmarianos".*

Las señales precursoras del fin del mundo, según Clemente, están ya manifestándose... *"No paran las guerras, como veis. Se acaba una y comienza otra. Es imparable, hasta que llegue la Tercera Guerra Mundial..."* Advierte a sus fieles que naciones como Albania, Turquía o China se preparan para una terrible batalla, en la que Moscú intentará mediar: *"Cuando todos esos países estén en llamas, cuando se haya provocado la existencia del cuarto Reich, entonces será la justificación para que se levante de nuevo el comunismo..."*.

El adoctrinamiento que ejerce Clemente sobre sus acólitos es radical. Con sólo consultar los últimos textos publicados por la Orden palmariana —*El Catecismo Palmariano*, *El Credo Palmariano*, *El Tratado de la Misa* y los cinco tomos de la *Santa Biblia Palmariana*—, ya se cae en la cuenta del grave daño psicoemocional que pueden ejercer las ideas demenciales y milenaristas del visionario de El Palmar. La realidad es que cuando he hablado con los palmarianos, es como si hablase con autómatas. Creen ciegamente en lo que dice su líder. Sus mentes ya no les pertenecen...

Traiciones y ¿crisis?

Lo que nunca se esperaba Gregorio XVII es que dentro de su propia secta, se venía gestando una oscura trama para derrocarle. Incluso existía el rumor de que dicha conspiración tenía como fin último asesinarle. Cuando se enteró, inmediatamente convocó a sus fieles en la Basílica palmariana. Eso ocurría el 27 de octubre de 2000. Y así comenzó su discurso: *"El perverso Padre Isaac que, durante más de 23 largos años, ha sido capellán oficial de Nos, es el cerebro de esta tenebrosa secta, que se ha formado dentro de la Iglesia, con apariencia de reforma, con apariencia de renovar la Iglesia, y sin embargo, estaba hundiéndola. ¡Y que de ese preciso Padre venga la traición, él, que durante más de 23 años ha comido en mi propia mesa papal!"*.

También acusa al Padre Laureano de planear su muerte. *"...Fue encontrada en su celda una bolsa que contenía un pasamontañas, dos guantes blancos y una navaja automática, suficiente para atravesar un corazón y acabar con una persona. Todo estaba bien preparado. ¿Qué hacía un clérigo con una bolsa así, y en este tiempo en que se planteaba acabar con Nos?..."*

Tal fue su temor, que decidió nombrar un sucesor por si acaso le ocurría una desgracia. Y el elegido no es otro que el Padre Isidoro María, su siempre fiel amigo y auténtico cerebro financiero de la Iglesia palmariana. *"Cuando hemos visto esta hora terrible de la Iglesia, y que hemos estado a punto de ser asesinados, y todavía corremos el peligro de ser asesinados, Gregorio XVII, despierto y vigilante, naturalmente no puede dejar la Cátedra de Pedro huérfana (...) Nombramos como sucesor de Nos en la cátedra de San Pedro Apóstol inmediatamente después de nuestra muerte, a nuestro Secretario de Estado, el reverendísimo Obispo Padre Isidoro María de la Santa Faz y de la Cruz".*

A esto hay que sumar la aparente crisis económica que han atravesado en los últimos años, o al menos eso asegura el propio Clemente. Nosotros tenemos nuestras serias dudas. Pero como prueba estaría el hecho de que las joyas de la Virgen del Palmar Coronada, a la que tienen como patrona, y valoradas en unos 200 millones de pesetas, fueron depositadas como aval a finales del pasado siglo para solicitar un préstamo bancario. Incluso Clemente ha decidido renunciar al milagro de recuperar la vista, prometido por la Virgen en muchos mensajes, a cambio de obtener ayuda económica de sus feligreses para poder pagar las deudas contraídas y poder reanudar las obras de construcción de la Basílica, entre otras cosas. ¿Una nueva artimaña para obtener más ingresos en sus ocho cuentas corrientes?...

Nuestra Madre del Palmar Coronada, patrona de los fieles palmarianos. Sólo su corona fue valorada en 200 millones de pesetas.

En la Nochevieja del año 2000, Clemente cae en éxtasis y se le aparecen Jesús, la Virgen y otras "potencias celestiales". Vienen a arroparle y animarle en esta noche oscura por la que supuestamente está atravesando. *"¡Estad tranquilos! Que por mucho que los enemigos combatan a la Santa Iglesia palmariana, no prevalecerán contra ella"*, le comunica el Hijo de Dios. Pero no tiene por qué preocuparse. El Papa Gregorio XVII contará siempre con la protección de San Francisco Franco, al que suele encomendarse mucha veces y sobre el que ha dicho cosas como éstas: *"El insigne y eximio Caudillo y Rey de España, Francisco Franco Bahamonde, el*

Excelso Cruzado (...) Él pasó de este mundo al cielo directamente... Era bajito de altura, más gigante de espíritu... Si defender los derechos de Dios y de la Iglesia con la espada, es dictadura, ¡bendita sea esa dictadura!".

En uno de los muchos *Decretos Apostólicos* que han llegado hasta mis manos, fechado el 30 de mayo de 2002, el Papa Gregorio XVII busca a toda costa aumentar el número de palmarianos. *"La Santa Iglesia necesita vocaciones religiosas, sobre todo sacerdotales. La Santa Iglesia requiere que la Orden de los Carmelitas de la Santa Faz se engrandezca más y más, y se extienda hasta los confines de la tierra".*

El 6 de agosto de 2003, Clemente celebra por todo lo alto las bodas de plata de su autocoronación papal. Ante la multitud, anuncia: *"He aquí que Gregorio XVII ya está dentro del Arca de Noé en calidad de un nuevo Noé, un Noé Apocalíptico. Ya sólo falta que Cristo diga: 'Cierra la puerta del Arca', y comience entonces a diluviar, no como aquello que fue lluvia, sino como corresponde a esta era, a esta época, para castigar Dios a esta humanidad prevaricadora"...* Por lo visto, un día partirá a Jerusalén, y allí Cristo saldrá a su encuentro para entregarle las llaves de la Iglesia, como hizo dos mil años antes con su discípulo Pedro. Sin comentarios...

Creo que con todo lo expuesto hasta aquí, hemos podido conocer a fondo lo que durante estas tres décadas y media se ha cocido en El Palmar de Troya. Un descarado, y esperemos que irrepetible, montaje aparicionista.

Capítulo 7

El Higuerón: La Virgen del "disfraz"

"Señor, haz un milagro, como premio para la gente que ha venido en este día... ¿Por qué hoy no te veo nada, como otras veces?... ¿Por qué no te veo?... Madre, por favor, ven y háblame"

Carmen López, vidente de Pedrera, dirigiéndose a las potestades celestes

Si CONTROVERTIDO HA SIDO EL CASO ANTERIOR, el que ocupará este capítulo no se queda a la zaga. Las apariciones de El Higuerón, en el término municipal de Marinaleda (Sevilla), están hoy totalmente desacreditadas, a pesar de que sus celosos seguidores pretendan mantenerlas vivas a toda costa. Aquí, las apariciones no son "entidades" etéreas, invisibles, sólo vistas por la actual vidente Carmen López. En este caso, la Virgen, Jesucristo y otras "figuras celestiales" se manifiestan, en ocasiones, a todos los presentes. No es necesario tener una gracia divina ni ser puro de corazón. Y es que los presuntos entes divinos que han hecho acto de presencia, primero en Pedrera, y actualmente en la

Moisés Garrido en Pedrera (Sevilla), un enclave aparicionista donde el fraude campea a sus anchas...

finca de El Higuerón, son demasiado humanos. Tan humanos, que son de carne y hueso... El mariólogo Francisco Sánchez-Ventura, en la introducción de su libro *La Virgen de la Bola de Luz*, en donde defiende esta indefendible historia manifiesta: *"Reconozco que en estos momentos los acontecimientos de Pedrera están pasando por una fase de ataque, de desprestigio, de contradicciones, que han creado un ambiente y una reacción de escepticismo manifiesto, que alcanza hasta a muchos de sus más fervorosos seguidores"*. Y está muy en lo cierto. Cuando expongamos todas las piezas que componen este fraudulento caso, el lector verá lo justificada que está tal actitud. Mi opinión es que quienes siguen defendiendo hoy día la autenticidad de este caso, o son gente extremadamente ingenua y crédula, o bien, esconden determinados intereses —presumiblemente lucrativos— para actuar de esa forma. Otras razones, yo sinceramente no las encuentro...

Un secreto a voces

ESTA HISTORIA TAMBIÉN TUVO como primeras protagonistas a unas niñas, aunque luego fuera una vidente adulta la que se hizo con el liderazgo. Nos trasladamos al domingo 3 de mayo de 1987. Buen Suceso González, y las hermanas Rosario y Mª Sánchez Guillén, de entre 10 y 12 años, jugaban en un paraje conocido como Veguetas de las Revueltas, próximo a la localidad sevillana de Pedrera, en plena Sierra Sur. Era las cinco de la tarde cuando vieron una figura femenina de bello rostro, ojos azules y vestida de blanco, que flotaba sobre una gran piedra, junto a un olivar. *"Era la Virgen de Fátima y nos dijo que iba a ayudar y proteger a los enfermos"*, contarían más tarde las niñas. Cuando la noticia trasciende, el lugar se convierte en un foco de peregrinación al que acuden curiosos, creyentes y enfermos buscando su curación de acuerdo a la promesa hecha por la Virgen. Nada que no se haya repetido en otros casos análogos.

Las niñas visitan el lugar diariamente. En una de esas primeras ocasiones, la Virgen les comunica un mensaje secreto para ser entregado al párroco de Pedrera, Enrique Priego. Sin embargo, el mensaje fue leído antes por otras personas, y el secreto dejó de serlo en un santiamén. He aquí el texto:

"Soy la Virgen María, la Madre de Jesucristo, y traigo un mensaje dirigido a este pueblo y a todos los pueblos de la Tierra: Que os améis los unos a los otros, como mi Hijo os ama. Que trabajéis por la paz. Que todas las armas sean convertidas en rejas de

Las primeras videntes de Pedrera (Sevilla), tres niñas de entre 10 y 12 años, junto a la piedra donde se posó la Virgen por primera vez.

arado y hagan fructificar la tierra y recibiréis grandes bendiciones de Dios. Si dejáis este camino espiritual y seguid vuestro camino material, iréis a la destrucción. El Cielo y la Tierra pasarán, pero las palabras de Dios no pasarán. Llevad este mensaje al sacerdote del pueblo y que lo haga llegar a los más altos cargos del Gobierno, de la Iglesia y los más altos cargos de los gobiernos de las naciones más poderosas de la Tierra. Este mensaje deben de saberlo todos los habitantes de la Tierra".

Un contenido, como se aprecia, archiconocido. ¿No se aburre la Virgen de repetir tantas veces lo mismo?... Nuestras sospechas apuntan a que tal mensaje fue preparado por algún adulto. Algo que también nos confirma el propio párroco. *"Yo les pregunté a las niñas que cómo es que llevaban al campo papel y lápiz y me respondieron que el folio escrito se lo dio un tal Manolo. Son datos que yo tengo del 7 de mayo de 1987".* No es la primera vez que ocurre tal cosa en el contexto aparicionista. Mensajes elaborados, corregidos, maquillados o rees-

Carmen López, principal vidente de Pedrera, rodeada de sus acólitos.

critos por terceras personas que son los que verdaderamente mueven los hilos de determinadas apariciones. A veces, el vidente no es más que una marioneta manejada por aprovechados de turno o militantes de grupos integristas o milenaristas. No pueden imaginarse cómo se puede manipular desde las sombras una presunta aparición mariana. Así que tantas dudas nos produce el origen de ese mensaje como los que la Virgen de Fátima dio a Lucía hablándole sobre los peligros del comunismo y la conversión de Rusia...

La "Profeta" de Dios

EN TORNO A LA PIEDRA, considerada sagrada por los creyentes, se congrega gente todos los días para orar. También van surgiendo nuevos videntes. Se habla de curaciones y de milagros portentosos. Pero las niñas dejan de asistir al lugar por prohibición de sus padres. Entre los nuevos videntes, comienza a destacar Carmen López Hernández, que por entonces tenía 43 años. Esta mujer, nacida en Estepa, se sintió atraída por la historia de las apariciones, pues afirmaba haber visto a la Virgen cuando era pequeña. *"La primera vez que vi a la Virgen tenía nueve años"*, me dice durante una entrevista. Y nuevamente, en ese bonito paraje a las afueras de Pedrera, es agraciada con las visiones...

Después de un tiempo teniendo contactos visuales de la Virgen, llega por fin un mensaje. Es el 3 de febrero de 1988. *"...Haz todo lo que Yo te mande (...) Quiero que digas que hagan una fuente frente a la ermita. Diles que la hagan, la pueden hacer. El agua será bendecida por Mi Hijo y por Mí. Curaré a muchas personas, pero tendrás que estar tú allí..."*. Poco a poco, los fenómenos extraordinarios van floreciendo alrededor de Carmen López. Estigmas, comuniones místicas, don de lenguas, levitación, bilocación, aromas celestiales... Y las visiones, cada vez más numerosas, ya no son exclusivas de la Virgen. *"A través de ella lo mismo habla la Virgen, que Jesús, que San Miguel, San Bartolomé, San Pancracio y otros muchos más"*, nos cuenta Juan Antonio Bohórquez, marido de Carmen y ex-albañil, quien siempre ha apoyado las experiencias visionarias de su mujer. Sus seguidores ya la llaman "La Profeta". La Virgen, mientras, en

EL DIA 20 - ENERO - 1993
TU PAZ Y MI AMOR REINE EN VUESTROS CORAZONES.
HIJOS MIOS UNA VEZ MAS VENGO A TRAEROS MIS PALA-
BRAS, ESTAS PALABRAS QUE DAN VIDA EN VUESTROS
CORAZONES, PARA QUE VENGAIS A LA VERA DE ESTA
PROFETA POR QUE ELLA HA SIDO ELEGIDA PARA
EXTENDER LA PALABRA DE DIOS.
POR ESO OS DIGO VENID Y LLENAROS DEL PERFUME
QUE DERRAMO SOBRE ELLA. PARA QUE CREAIS QUE
ESTAMOS AQUI QUE VENIMOS A TRAER UNAS
PALABRAS DE AMOR Y ESPERANZA, PERO LA HUMA-
NIDAD ES TAN CRUEL QUE NO NOS CREEN, POR
ESO MI HIJO HA MANDADO ESTE CASTIGO, POR
QUE LA HUMANIDAD ESTA AFERRADA AL
DINERO Y AL VICIO, SIN SABER QUE HAY COSAS
MUCHO MAS IMPORTANTES COMO PUEDE SER EL
AGUA, QUE POR SU FALTA, HAY MUCHAS ENFERMOS
Y MUCHAS DESGRACIAS, ES UN CASTIGO DE TU HIJO
POR LA FALTA DE FE, QUE EXISTE EN EL MUNDO.
HIJOS MIOS QUISIERA QUE ESTAS PALABRAS SUPIERAIS
DICERNIRLAS ASI, COMPRENDERIAIS QUE GRANDE ES
AQUEL QUE SE ACOGE A LA VOLUNTAD DIVINA
VENGO A HABLAROS DE VUESTRAS ALMAS PERDIDAS
EN LA OSCURIDAD, AFERRADAS A UN MUNDO, VACIO
LLENO DE EGOISMO, DE MENTIRA, DE ENGAÑO, VENGO
PARA ACOGEROS EN MI CORAZON Y TRANSPORTAROS
AL SENDERO DE LA VIDA, DONDE TODO ES PAZ,
GOZO, AMOR Y ENTREGA, ESTE ES EL CAMINO, QUE
DEBEIS SEGUIR, Y OS LLEVARA A RECIBIR LA
CORONA DE GLORIA PARA TODOS VOSOTROS EN
VERDAD OS DIGO, HIJOS MIOS, QUE NO SOIS, VOSOTROS
LOS QUE ELEGIS A MI HIJO JESUS, SI NO MI HIJO
JESUS EL QUE OS VA ELIGIENDO, POR ESO,
HIJOS MIOS, A TODOS OS LLAMO Y OS INVITO AL
MISMO CAMINO, AL MISMO SENDERO, A QUE RESPIREIS

Presunto mensaje psicografiado por la vidente de Pedrera, Carmen López, pese a que no sabe leer ni escribir, o eso dicen...

uno de sus mensajes le dice: *"Quiero que me llamen Virgen de la Bola de Luz, porque así me manifiesto Yo"*.

El Cielo se traslada a Pedrera

ES TAL LA CANTIDAD DE MILAGROS que cuentan los fieles y las "legiones celestiales" que se dejan ver por el lugar, que un servidor se pregunta si el Cielo está ahora en ese rincón del sur de España. De ser verdad todos esos testimonios, el propio término "milagro" dejaría de ser válido al haberse convertido en algo tan vulgar en aquellos lares. Y es que, en un mismo día se han contabilizado hasta una docena de presuntos hechos sobrenaturales. Desde que visité por primera vez el enclave aparicionista, hace más de diez años, he recogido testimonios realmente asombrosos. Muchos de esos testigos afirman no haber creído antes en estas historias, pero que allí han tenido la oportunidad de ver cosas que les han hecho cambiar de actitud. Resulta increíble. Jamás me había enfrentado a un caso así. Y eso fue lo primero que mantuvo mi desconfianza. Aquello superaba a cualquier caso aparicionista. Fátima y Lourdes ya se podían ir retirando. Así que decidí estar presente durante los éxtasis de Carmen López y pasar alguna que otra noche entre sus seguidores, junto a la ermita que levantaron en el mismo lugar donde se apareció la Virgen por primera vez. Esperaba averiguar qué de cierto o de falso había en lo que contaban...

En mis investigaciones entrevisté a mucha gente. Entre ellos a un emocionado matrimonio de Málaga que me narraron experiencias increíbles en presencia de la vidente. *"Vimos una bola de luz, y a través de ella salió la Virgen* —me cuentan—. *No pudimos apreciarle la cara, pero vimos como andaba y los movimientos de sus manos. La Virgen se llevó la mano derecha al pecho y sacó desde dentro una bola pequeña muy luminosa. Luego la puso en el suelo y la Virgen desapareció"*. Ramón Jiménez, natural de Mataró (Barcelona), me describe así lo visto en otra ocasión: *"Junto a un árbol observé una luz amarilla muy fuerte, y entremedio de la luz vi la imagen de la Virgen con un manto blanco en la cabeza. Me pareció ver que tenía el niño Jesús en sus brazos"*. A Antonio Torres Codes, que estaba acompañado de otras personas, se le manifestó Cristo: *"Vimos aparecer a eso de las 7 de la mañana una luz verde, y al momento se vio al Señor con una túnica blanca, las manos levantadas y caminando hacia nosotros. Se vio perfectamente. La gente intentó abalanzarse hacia él para abrazarle y entonces desapareció"*. Una mujer con lágrimas en los ojos me confiesa que: *"Yo he visto a la Virgen y al Señor con la corona de espinas y mi hija a Santa Teresa, a Santa Rita y a tres apóstoles"*. Antonio Pareja nos dice: *"Yo vi a Cristo arriba en el monte. Su cara era muy resplandeciente y llevaba una cruz muy grande a cuestas. Una mujer le cantó una saeta..."*.

El éxodo del "pueblo elegido"

Al poco tiempo la vidente se ha ganado el cariño de muchos devotos aparicionistas. Incluso hasta allí se desplazan conocidos mariólogos como Pitita Ridruejo y Francisco Sánchez-Ventura, que se convierten en acérrimos defen-

La vidente Carmen López repartiendo panes a los fieles, mientras que una de sus devotas de más confianza reparte rosarios.

sores de Carmen López al tener la dicha de "ver a la Virgen" entre los arbustos. Pero el 16 de febrero de 1988, la Virgen comunica a Carmen que *"tienes que pedir que te hagan una casa en el campo"*. Una de sus devotas más fieles, Carmen Borrego, es la escogida por la Virgen para tal menester. Así que ella, gustosamente, ofrece a la vidente parte de su finca de El Higuerón, ubicada entre Matarredonda y Herrera, a unos 25 Km. de Pedrera. Allí Carmen López instala su "cuartel general" y las visiones, milagros y demás maravillas se trasladan con ella al nuevo enclave. Pedrera va quedando para la historia, aunque de vez en cuando la vidente seguirá yendo por allí, quizás para demostrar su exclusividad ante otros videntes que van surgiendo por la zona. *"La elegida eres tú y lo serás durante toda tu vida"*, le comunica la Virgen el 7 de junio de 1988, por si existía alguna duda...

Milagros a granel

EN EL HIGUERÓN LOS "MILAGROS" AUMENTAN en proporción desorbitada. La capilla que han erigido en un lateral del cortijo, repleta como pueden imaginarse de iconografía religiosa, es escenario de un sinfín de sucesos prodigiosos. He tenido la ocasión de fotografiar y grabar en vídeo media docena de imágenes que milagrosamente sangraron y que están expuestas al público, así como los objetos religiosos y las sagradas formas que presuntamente se han materializado durante los trances de Carmen. Su marido y Francisco Carmona, uno de los principales apóstoles de estas apariciones, nos muestran las

José Antonio Bohórquez, marido de Carmen López, nos muestra las imágenes que sangran en la capilla que tienen en su cortijo de El Higuerón.

fotos de Carmen con los estigmas, coronas de espinas que aparecieron sobre su cabeza, mensajes psicografiados —a pesar de ser analfabeta—, fotos del Espíritu Santo en forma de paloma, etc... Tras varios intentos, finalmente conseguí entrevistar a Carmen, quien se mostró nerviosa y un tanto esquiva. Ese día se habían congregado cientos de personas en la finca y la vidente tenía que entregar a cada una de ellas pan y agua que previamente habían sido ben-

MOISÉS GARRIDO VÁZQUEZ

144

decidos por la Virgen. Nos contó sus comienzos, nos dijo lo bella que es la Virgen y nos advirtió de lo mal que está el mundo según le dicen en los mensajes —por si acaso no lo sabíamos—. Lo de siempre. Al menos, esa noche se esperaba una manifestación del Cielo. Allí aguardamos, pero finalmente regresamos a casa sin ver nada. ¿Por qué la Virgen la tiene tomada con los investigadores?...

"La presencia de personas sin fe, que van por burla, mera curiosidad o movidas a veces por malas intenciones, hacen imposible las manifestaciones maravillosas del cielo", afirma Sánchez-Ventura. En ese saco se incluye a los investigadores. Excusa muy infantil e injusta, máxime cuando la verdad es otra muy distinta...

Dudas y más dudas

ESA PREGUNTA ME LA HE FORMULADO muchas veces tras visitar Pedrera y El Higuerón. ¿Realmente la Virgen no desea la presencia de investigadores? ¿Somos unos intrusos, quizás?... No sé si para la Virgen, pero para Carmen y sus acólitos sí lo somos. En ninguna de las ocasiones que me acerqué al lugar de las apariciones, fui testigo de un prodigio divino. A otros investigadores les ha ocurrido lo mismo. Al parecer, nuestras cámaras fotográficas y videograbadoras son obstáculos para la aparición, y así nos lo hacían entender algunos seguidores, agrupados ya en la creada *Fundación Virgen de la Bola de Luz*. A veces, con sus miradas incisivas, vigilándonos en todo momento, era suficiente. No hacían falta las palabras. Una persona que se desligó de este grupo, al que considera muy fanático, nos pone sobre la pista: *"Cuando hay determinada gente la Virgen no se aparece. Ellos examinan el personal, controlan quién va, quién es cada uno, si alguien lleva cámara o prismáticos"*. Pues gracias a mis prismáticos, una noche pude distinguir entre los arbustos a un hombre que andaba con su linterna, mientras que a mi lado, algunos ya exclamaban que era la Virgen. Gracias a que dicho señor se acercó hasta donde estábamos se despejaron las dudas. Ya se sabe, de noche, todos los gatos son pardos.

Los testimonios que recogí también me pusieron en alerta. En la finca, no se permitía que nadie se acercara a menos de 300 metros de la aparición. Carmen López aprovechaba un descuido, la nocturnidad o sus repentinas ausencias por unos minutos, para luego aparecer con la corona de espinas, los estigmas o exhalando el maravilloso "perfume celestial". Demasiado sospechoso ¿no creen?... En una ocasión, helado de frío y cansado ya de esperar a que la Virgen se apareciera, decidí regresar al autocar con las cámaras junto a dos o tres compañeros más, y aguardar a los peregrinos con los que hicimos el viaje desde Huelva. La paciencia tiene un límite: eran las seis de la mañana y llevábamos desde el día anterior recorriendo el terreno y charlando con la gente. Media hora después, unos cuantos peregrinos regresaron contentos ya que, finalmente, la Virgen se había aparecido. ¿Casualidad? Pensé que allí había "gato encerrado". Y no me equivoqué...

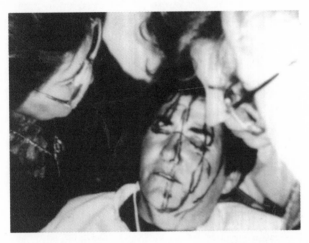

La vidente Carmen López con los estigmas en la frente.

Un montaje en toda regla

COMO ANTES DECÍA, CARMEN aprovechaba cualquier descuido para aparecer con el prodigio ya realizado. En 1994, Pitita Ridruejo obsequió a la vidente un ejemplar de su libro *Apariciones de la Virgen María*. Al rato, y mientras Pitita se hallaba en la puerta del cortijo hablando con los fieles, apareció Carmen nerviosa mostrando a todos el libro que sangraba por la página 136, justo donde aparecían dos fotografías de la "Rosa Mística". Como es de suponer, no ha permitido que la sangre sea analizada en un laboratorio. *"Hasta que no lo ordene la Santísima Virgen el libro no sale de casa"*, afirma Carmen. En algunas ocasiones, la vidente subía sola al monte de olivos en Pedrera, ya que sus "guardaespaldas" impedían que nadie la acompañara argumentando que así lo quería la Virgen. Cuando regresaba, lo hacía con la corona de espinas sobre su cabeza y con las llagas sangrantes. A veces, hasta con una cruz de madera a cuestas. Una ex-adepta me contó que una vez un joven vio a Carmen arrojar al suelo un pequeño frasco conteniendo líquido rojo. ¿Mercromina, quizás?... Otros me explican que Carmen tenía en su casa pequeños recipientes con perfume de rosas que luego era mezclado con aceite. Puede que ahí esté la respuesta al "aroma celestial" que emana la vidente en éxtasis y que impregna a aquellos que la abrazan. Según cuenta Sánchez-Ventura en su obra dedicada a los prodigios de Pedrera, *"mientras la vidente sufría en el suelo, de todo su cuerpo salía una exudación aceitosa, que convirtió en amarillo su vestido blanco, exudación de la que fluía un perfume impresionante a oleadas intermitentes del mismo"*. Para este mariólogo, todo un milagro. Para un servidor, no es la primera vez que un presunto vidente mariano recurre a esconder entre sus ropas una bolsita que

Carmen López con la corona de espinas que supuestamente se le materializó sobre su cabeza.

luego hace estallar con las uñas o con algún alfiler para dejar escapar su contenido líquido. Unas veces para imitar los estigmas, y otras, como ésta, para reproducir exudaciones pseudomísticas y aromáticas...

Las descripciones narradas por testigos hacían pensar más en meros disfraces que en apariciones milagrosas de la corte celestial. De hecho, nadie hablaba de entes semifísicos, transparentes, etéreos, que levitan o aparecían y desaparecían de la nada, si no de figuras con apariencia tan física como cualquier mortal. Me enteré que existían algunas filmaciones obtenidas por los propios acólitos y conseguí algunas de ellas. Una, quizás la más nítida, fue la que obtuvo Antonio J. Sánchez, cámara de *TV Palma del Río*, televisión local de la provincia de Sevilla. Cuando las visioné me di cuenta que no era necesario ser Sherlock Holmes para deducir que el secreto de la Virgen, Jesús y demás corte celestial, estaba bajo sus túnicas. Sus movimientos y las piruetas que realizaban con la bola de luz —roja si se trata de la Virgen y verde si es Jesús—, demostraban sin el menor atisbo de duda que todo aquello era un burdo y descaradísimo fraude. Estaba claro porqué los "guardaespaldas" protectores de estas apariciones no permitían que nadie se acercara y esquivaban las cámaras.

Francisco Carmona, uno de los principales "apóstoles" de las apariciones de "El Higuerón".

Moisés Garrido junto al párroco de Pedrera, Enrique Priego Díaz, quien niega todo carácter sobrenatural de las apariciones que vienen ocurriendo desde 1987.

Un testimonio revelador

Por esas fechas entrevisté a Rosa M. –por razones obvias, permítanme que guarde el anonimato–, una mujer creyente en las apariciones de la Virgen y difusora de los mensajes marianos. En aquella época frecuentaba Pedrera y más tarde El Higuerón, y se ganó la confianza de Carmen López. Con ella visité el lugar en varias ocasiones y, a pesar que tenemos puntos de vista distintos sobre estas cuestiones, siempre hemos mantenido una buena amistad y respeto. Tras haber vivido ciertos episodios insólitos, Rosa M. creyó en la realidad del caso, hasta que pasó lo que tenía que pasar...: *"En una ocasión vi salir de la casa a la supuesta Virgen. Sus movimientos y exhibicionismo, como si fuera una bailarina, no encajaban en alguien que es la Madre de Jesús. Además, se notaba algo oscuro, como unos pantalones, bajo la túnica. Aquello era una comedia. Sembraron la duda en mi corazón..."*.

Pero ahí no quedó todo. Enojada por lo que había visto, una noche decidió esconderse junto a otras personas tras unos árboles. Era mayo de 1994. Sus palabras me dejaron boquiabierto:

"Vi como el marido de Carmen apagaba el generador eléctrico y encendía la luz de la capilla. Luego dio una vuelta por fuera de la casa por si alguien estaba escondido. Uno del grupo encendió las luces largas de un vehículo para deslumbrar a la gente y ver si aún podía haber alguien cerca. Por desgracia, descubrieron a un matrimonio escondido detrás de un árbol, tumbados en el suelo con una cámara de vídeo. Entonces vinieron unos 8 ó 10 hombres totalmente enfurecidos y nos amenazaron a todos con que

Crucifijo que sangra "milagrosamente" en la capilla de la vidente Carmen López.

podían pegarnos un palo por estar allí escondidos. Se llevaron al matrimonio. Ya no pude callarme y me enfrenté al grupo de Carmen diciéndoles que todo era un fraude y que no era lícito que tomasen el nombre de Dios en vano. Cuando les amenacé con avisar a la policía nos dejaron en paz...".

Carmen López y la *Hermandad Virgen con la Bola de Luz* —nombre actual de grupo— intentan que el clero se pronuncie e interese por los milagros de El Higuerón. Sin embargo Carlos Amigo Vallejo, Arzobispo de Sevilla, se desentiende del caso y declara que *"no tenemos datos que nos indiquen que aquí existan unos fenómenos auténticamente sobrenaturales".*

He aquí la cruda verdad de estas apariciones. Hace más de seis años, cuando tuve en mi poder filmaciones y testimonios tan rotundos como el de Rosa M., comencé a hablar y escribir en los medios de comunicación sobre el caso Pedrera como un auténtico fraude, donde las supuestas apariciones no eran más que burdos disfraces. Investigadores como Manuel Carballal, Manuel Gómez Ruiz, José Luis Peláez, Carlos G. Fernández, entre otros, se interesaron en mis pesquisas, grabaciones y pruebas concluyentes, y pueden dar testimonio de ello. Curiosamente, años después, otros quisieron atribuirse la exclusiva de haber descubierto que había gente disfrazada y que el caso era un montaje. Cosas que pasan...

¿Negocio divino?

CARMEN BORREGO, DUEÑA DE EL HIGUERÓN, cayó finalmente en la cuenta de que fue estafada por la vidente y llevó el asunto a los tribunales. Ha salido repetidamente en medios de comunicación, denunciando las técnicas que Carmen López emplea para enriquecerse. Una de ellas es caer en éxtasis delante de la víctima escogida, y convencer de que es la Virgen la que le comunica que ayude económicamente a la obra religiosa que ellos realizan, con el fin de construir una capilla o fundar una casa de peregrinos. *"Me ha hecho mucho daño porque se ha apoderado de todo"*, manifiesta indignada Carmen Borrego. Ella y su marido, así como otros incautos, entregaron a Carmen López grandes sumas de dinero, incluso para sus viajes a Fátima o para pagar sus facturas. *"Hijos míos, ayudar a mi profeta. Vosotros sois los elegidos para hacerle una casa en el campo"*, comunicó la Virgen —a través de su canal humano— a Carmen Borrego. Pero la vidente no se ha conformado con la media finca cedida por la dueña, y se ha ido apropiando de todo el cortijo de El Higuerón. Aunque a ella no hay que culparla. Es la Virgen la que lo pide...

Con el tiempo he conseguido localizar a varias personas que entregaron dinero, guiados por presuntos mensajes marianos. Sin embargo los miembros de la *Hermandad Virgen con la Bola de Luz* niegan que sus fines sean lucrativos, aunque para hacerse miembro haya que pagar cierta cantidad mensual. Además, muchos peregrinos dejan la voluntad. Una voluntad que a veces tiene precio... En sus investigaciones el periodista Jesús Torbado, autor de la excelente obra *¡Milagro, milagro!*, se puso en la fila de los numerosos enfermos del cuerpo y del alma que se dan cita en el cortijo todos los primeros sábados de mes para asistir a las sesiones de sanación por imposición de manos que realiza Carmen López. Cuando Torbado preguntó qué donativo se suele dejar, le contestaron que 5.000 pesetas —30 euros—. *"Toda esta parafernalia le ha reportado en donativos más de 70 millones de pesetas"*, asegura dicho periodista. ¿Hay algún control fiscal de todo ese dinero o desde el mismo Cielo se llevan las cuentas?...

La Virgen cae en la trampa

En el programa de investigación *Al Descubierto* de Antena 3 Televisión emitido el 10 de abril de 2002, se emplearon cámaras ocultas para examinar los entresijos de este caso, y quedó patente el auténtico móvil de este grupo aparicionista. Una pareja de reporteros, haciéndose pasar por novios, acuden al cortijo de Carmen López. Cuentan a la vidente que disponen de una herencia de 50 millones de pesetas proveniente de una abuela recientemente fallecida, y que quieren donar la mitad de dicha suma a un lugar donde se haya aparecido la Virgen. El gancho está en su duda: no se deciden si donarlo a Garabandal o a El Higuerón. Carmen les dice que *"eso sí nos hace falta a nosotros porque la Virgen nos ha pedido que hagamos una casa de acogida para los peregrinos y no la podemos hacer por falta de dinero (...) Y necesitamos un montón de millones"*. Pero los falsos herederos responden que para hacer la donación, necesitarían como aval una señal celestial.

Durante la reunión, las cámaras ocultas captan como Carmen mantiene en todo momento sus manos agarradas al abrigo, a la altura del pecho. ¿Escondía algo? Para ir convenciendo a la pareja, Carmen les asegura que unos días antes la Virgen le había comunicado que iba a recibir un importante donativo. En un momento de la conversación, Carmen dice sentirse mareada e invita a la pareja a que la acompañen a la capilla. Allí se encuentra Manuel Martínez, párroco de Estepa. La vidente se pone de rodillas, hace gesto de dolor y dice que se está ahogando. De pronto, comienza lentamente a extraer del interior de su ropa una paloma. ¡Es el Espíritu Santo! Acto seguido, cae en éxtasis y la Virgen a través de ella revela a la pareja lo que deben hacer con la herencia:

"Y a vosotros, hijitos míos, quiero deciros que vuestra abuela está en el cielo, que es muy feliz y quiere comunicaros que parte de esa herencia vaya para esa casa de peregrinos de este lugar...".

En esta ocasión la artimaña es grabada por las cámaras ocultas, aunque desgraciadamente muchos otros infelices, que de buena fe se acercaron hasta la finca, fueron convencidos con anterioridad. Pero aquí no acaba todo. Aún falta la traca final...

Se desmonta el show

El 9 de abril de 2002 –un día antes de la fecha de emisión en directo–, el equipo de reporteros de *Al descubierto* se desplaza hasta la finca de El Higuerón. Se distribuyen y esconden en cuatro puntos estratégicos alrededor del cortijo. La Virgen hace su aparición a las cinco y veinte de la madrugada. Está a unos cinco metros frente al porche de entrada de la casa. Los reporteros que estaban escondidos entran en acción. Dos equipos de cámaras se acercan velozmente por detrás de la Virgen. En ese momento la presunta imagen celestial apaga el foco de luz y, en lugar de levitar o volatilizarse, huye corriendo hacia la casa. Uno de los cámaras consigue acercarse hasta la puerta del cortijo y le da tiempo para filmar a la Virgen que acaba de caerse al suelo. Puede verse ya perfectamente que se trata de una persona gruesa con una peluca y una túnica por encima. A su lado, en el suelo, una rugosa esfera roja como de plástico. Es la divina "bola de luz". Alguien, mientras tanto, intenta tapar la cámara con una manta. Es Juan Antonio, el marido de Carmen. Pero la cámara consigue captar el rostro de la "Virgen" cuando antes de entrar en la casa comete el craso error de mirar hacia atrás. No hay duda. Es la mismísima Carmen López. La prueba definitiva de este esperpéntico montaje. El impostor pillado *in fraganti*...

Pero lo más dramático es que, tras mostrar esas imágenes en el transcurso del programa de televisión, los devotos de Carmen que participaban en él seguían creyendo ciegamente en la honestidad de la vidente, y utilizaban argumentos absurdos para negar las pruebas del fraude.

Semanas después de la emisión del programa visité nuevamente El Higuerón. Había una menor afluencia de gente. Me imagino cómo se habrán sentido las personas que depositaron su confianza en Carmen

Muchas son las imágenes religiosas que sangran en casa de la vidente Carmen López, como este Cristo Nazareno regalo de una seguidora. Demasiados milagros para ser ciertos...

López. Sin embargo, las palabras de una devota allí presente me helaron la sangre. *"El programa nos ha hecho mucho daño, pero la verdad siempre prevalecerá. El enemigo nos ataca continuamente. Pero los verdaderos creyentes seguiremos aquí. Nada nos hará cambiar..."*.

Me gustaría saber qué pensaron Francisco Sánchez-Ventura y Pitita Ridruejo tras ver el programa. ¿Seguirán defendiendo esta farsa? ¿Creerán que la mano del Maligno está tras dichas investigaciones con el fin de destruir este "extraordinario" caso aparicionista?... A estas alturas, ya nada me extraña. Y es que las creencias a veces alcanzan niveles verdaderamente paranoicos.

CAPÍTULO 8

Otras apariciones en España

"*Ha llegado el momento de que cese el error de los que se han descarriado. María no es Dios y no ha recibido su cuerpo del cielo sino mediante concepción humana. Y nadie debería hacer ofrendas en su nombre, pues así destruye su propia alma*".

EPIFANIO DE SALAMINA, "Panarion"

Umbe (Vizcaya)

A UNOS QUINCE KILÓMETROS DE BILBAO, en un boscoso monte llamado Umbe, tuvo lugar una de las supuestas apariciones marianas más serias que han acontecido en la península, o al menos, sin aparente afán de lucro.

El 25 de marzo de 1941 la Virgen de la Dolorosa se aparece a Felisa Sistiaga mientras cocina. La figura tiene un rostro muy bello, moreno, con ojos azules y muy brillantes. Está arrodillada y con una vela en cada mano. No le comunica nada a la asombrada testigo, sólo se limita a mirarla fijamente hasta que desaparece a los pocos instantes. Curiosamente, Felisa no vuelve a tener otra aparición hasta el 23 de mayo de 1969. En esa ocasión, la vidente le pregunta en euskera *"¿Qué quieres de mí?"*, pero la Virgen prefiere responderle en castellano: *"El primer día que yo vine a salvarte bajé primeramente al pozo,*

Felisa Sistiaga, vidente de Umbe (Bilbao).

y esta agua desde hoy queda bendecida para siempre y curará a los enfermos y a los sanos que se laven la cara y los pies". Desde entonces, tuvo visiones y comunicaciones esporádicas, y el lugar muy pronto se convierte en centro de peregrinación, sobre todo durante los fines de semana. La casona de Felisa y Bonifacio, su marido, se transforma en una especie de ermita con una capilla para la oración, y se la empieza a conocer como "La Casa de la Virgen". El matrimonio se traslada entre semana a la población de Getxo, y los sábados y días festivos suben a Umbe. El camino que va desde la fuente a la casa es considerado sagrado y por eso es necesario recorrerlo descalzo y en silencio. Lo avisa un cartel: *"Peregrino: este sendero que pisas es santo". Por aquí pasó la Virgen y lo santificó con sus benditos pies. Camina tú también descalzo y en silencio, y reza siete avemarías a su Corazón Doloroso e Inmaculado".*

Según afirman los apóstoles seglares de esta aparición, se han producido muchas curaciones. A pesar de que su agua no es potable, el pozo de Umbe es frecuentado por numerosos enfermos, algunos de los cuales han dejado allí su testimonio tras sanarse "milagrosamente". La Virgen se lo había advertido a la vidente: *"El que tenga fe en mí se curará al recibir el agua de este manantial".* Los certificados médicos están a la vista de todo el que llega, e incluso una copia de cada uno es enviada al Obispado de Bilbao que, hasta ahora, no se ha pronunciado al respecto. Las cifras hablan de medio millar de curaciones. Se desconoce si el agua tiene propiedades curativas, pero lo que no cabe duda es que la fe juega un papel primordial en estos casos de curaciones espontáneas. Dolores, úlceras, artrosis, parálisis... que desaparecen en cuestión de días o de horas... ¿Efecto placebo? Seguramente, algo que la medicina psicosomática conoce hoy de sobra.

Felisa falleció en febrero de 1990, pero las peregrinaciones no han cesado. Más bien al contrario. Los autocares llegan cargados de peregrinos de toda España y también del extranjero. Los hijos de la vidente, sobre todo Inés Sistiaga, se han encargado de mantener vivo el enclave donde, supuestamente, se apareció la Virgen. Y para ello necesitan donativos. En un panfleto informativo leemos:

"Quien desee agradecer a la Virgen y contribuir con un donativo para las obras de acceso, urbanización, mejoras y construcción de la capilla, puede enviar por transferencia bancaria a la cuenta 'Virgen de Umbe', nº 19528-9, Caja de Ahorros Vizcaína, plaza de España nº 1, Bilbao".

También en ese mismo folleto se nos ofrecen viajes organizados: *"Los sábados y festivos puede viajar en los autobuses 'Peregrinos Virgen de Umbe'. Salida a partir de las 15,30 h. Reserve sus plazas llamando a los teléfonos... de Bilbao. Para el alojamiento en la ciudad consulte con antelación a Viajes Interopa, S. A....".*

Sin embargo cabe decir en su favor que, con sólo abonar los gastos del envío, mandan botellas de agua gratuitamente a todo el que las solicite. Y no negocian con artículos religiosos, lo que es una excepción en casos de esta índole. Algo es algo...

Pero en el enclave mariano de Umbe, como en otros lugares aparicionistas, hay hechos que parecen moverse entre el delirio y la fantasía. Allí guardan como reliquias un rosario enmarcado que, según cuentan, la Virgen cambió su color "milagrosamente", y un trozo de tela de terciopelo negro que un "mensajero celestial" entregó a Felisa para que se inspirara a la hora de confeccionar el vestido para una talla de madera de la Virgen Pura Dolorosa, que

en la actualidad es venerada en un altar de la Casa de la Virgen. Y no crean que en este caso aparicionista han faltado los mensajes amenazantes. En Umbe, la Virgen también ha dado buena cuenta de los castigos y desgracias que estarían por venir en los tiempos actuales. El 23 de mayo de 1971, la vidente recibe el siguiente mensaje:

"La falta de fe en la Tierra la llevarán al desastre. Si no se hace más caso a las llamadas de Dios, de Jueves a Viernes Santo, dentro de treinta años, a principio de siglo, se formará una intensa niebla, que no os permitirá veros los unos a los otros. Ninguna luz os servirá para entonces. Durará

Pequeño altar con la imagen de la Virgen tal y como se le apareció a la vidente Felisa Sistiaga (Monte Umbe, Bilbao).

todo el tiempo que haga falta. Los justos y los dignos no sufrirán nada. Todos mis hijos tendrán que pedir perdón; esto es un aviso del castigo...".

Pueden estar tranquilos. La fecha ya ha pasado, puesto que tenía que haber acontecido durante la Semana Santa de 2001. Seguramente el Cielo habrá olvidado ejecutar tal aviso, pues la humanidad continua en sus trece...

Tampoco en una aparición mariana que se precie, puede faltar el mensaje secreto. El de Umbe lleva fecha de 15 de agosto de 1969. En esta ocasión, debería ser revelado cuando falleciera Felisa. Y así se hizo. El 9 de marzo de 1990, un mes después de su muerte, se abrió el sobre ante notario y se leyó lo que allí había escrito:

"Vengo a hacer la paz de mis hijos que no me hacen caso. La Virgen me ha dicho muchas veces que viene para toda la Humanidad, para todos sus hijos, y que a todos nos tiene bajo su intercesión. A todos nos quiere mucho y desea vuestra salvación, de tal manera, que antes del castigo enviará Dios un Aviso, y para que nadie dude de este Aviso, habrá un milagro... Yo, Vuestra Madre, como Intercesora de Él, os quiero decir que os enmendéis, pues ya estáis en los últimos Avisos. Os quiero mucho y no quiero vuestra condenación".

El pozo de Umbe, con cuyas aguas parece que se han curado muchísimas personas. ¿Milagro o sugestión?...

Aviso, castigo, milagro... Sospechosamente parecido a lo que la Virgen anunció en Garabandal. Pero los devotos de ambas apariciones siguen esperando, y el tiempo pasa sin que se cumpla ninguna profecía apocalíptica que con tanta enfermiza pasión pregonan, últimamente hasta por Internet.

A pesar de todas estas alucinantes y poco creíbles historias, el monte Umbe, sin duda, tiene su magia. Es un bello paraje rodeado de pinos y eucaliptos donde se respira paz y sosiego, alejado de la asfixiante civilización. Y eso sí que ayuda a sanar el cuerpo y el alma...

Garabandal (Cantabria)

LOS INCREÍBLES ACONTECIMIENTOS que tuvieron lugar en Garabandal, entre 1961 y 1965, dieron rápidamente la vuelta al mundo, atrayendo a miles de seguidores aparicionistas. Aún hoy siguen resonando los ecos de una historia que no ha tocado a su fin. Y es que son muchos los garabandalistas que siguen reuniéndose en el paraje cántabro aguardando que se cumplan las profecías anunciadas por la Virgen hace cuarenta años. Pero ¿cómo empezó todo?...

Hemos de remontarnos al domingo 18 de junio de 1961. En la apacible localidad de San Sebastián de Garabandal, a 90 Km. de Santander, cuatro niñas se dirigen a un huerto para robar manzanas. Sus nombres son Mari Cruz, de 11 años, y Conchita, Jacinta y Mari Loli, de 12. Cumplida la acción, y cuando ya regresaban, oyen un trueno y distinguen en el camino *"una figura muy bella, con muchos resplandores"*. Las cuatro creen que se trata de un ángel, y asustadas salen corriendo hacia la aldea.

LA VIRGEN DE UMBE TAMBIEN CURA EL SIDA

E L monte Umbe es una suave colina, a unos veinte kilómetros de Bilbao. Un lugar bello, tranquilo, con caseríos diseminados por la zona y alguna urbanización en los alrededores.

Y allí, en Umbe, en zona umbría, en terreno boscoso de pinares y eucaliptus, dicen que un día se apareció la Virgen a una aldeana y que desde entonces, 1941, la Reina del Cielo ha vuelto a tener contacto con Felisa Sistiaga, la vidente, en muchas más ocasiones.

Ahora, el lugar de las apariciones en zona de recogimiento y oración. Y al pozo de agua acuden peregrinos de todas partes para lavarse la cara y los pies —tal y como la Virgen se lo pidió a Felisa—, con el afán de curarse de todos los males.

alrededores que viva de las apariciones. Y ése es un dato a tener en consideración.

Estuvimos en Umbe. Charlamos con los peregrinos que iban llegando, en automóvil o en autobuses. Gentes sencillas del pueblo llano. Todos con mucha fe, tanto en la veracidad de las apariciones como en las propiedades curativas de las aguas del pozo.

—Pero no lo decimos nosotros —comentaba un peregrino—, sino que ahí están los certificados de los médicos que resultan inexplicables.

Así es. Junto a la puerta de entrada a la casa en la que vivió Felisa Sistiaga, hay fotocopias de distintos oficios dirigidos al obispado de Bilbao, con explicaciones detalladas de una serie de curaciones que rebasaban los límites de la ciencia médica.

Leo algunos de los textos y se refieren a curacio-

Prohibido vender estampitas

Felisa Sistiaga dice que la Virgen se le ha aparecido varias veces desde 1941, y siempre ha tenido algún mensaje para ella.

Mensajes tan peligrosos y falsos como éste hacen un daño terrible a miles de enfermos que peregrinan hasta estos enclaves buscando una curación milagrosa.

Cuando localizan a la maestra, Serafina Gómez, le cuentan lo sucedido...

—*¿Es cierto que habéis visto a un ángel?*, interroga la maestra.

—*Sí, señora.*

—*¿No será imaginación vuestra?*

—*Estamos seguras. Lo hemos visto.*

—*¿Cómo era?*

—*Vestía con un traje azul, largo, sin costuras. Las alas rosas, muy grandes. Su rostro pequeño, ni alargado ni redondo. Los ojos negros. Las manos muy finas. Las uñas cortadas. Los pies invisibles. Parecía tener unos nueve años...*

La noticia se propagó inmediatamente por la aldea. Las opiniones fueron muy dispares. Unos lo creían mientras que otros se lo tomaban a burla. Incluso el párroco de Cosío, Valentín Marichalar, al ver el revuelo, decide interrogar a las niñas por separado. Luego les dijo: *"Si esta tarde le volvéis a ver, preguntadle quién es y a qué viene"*. Las niñas de nuevo se dirigen al punto exacto, conocido como "La Calleja". Pero esa tarde no hubo aparición. Sin embargo, por la noche, cuando Conchita estaba acostada, oye una voz que le dice: *"No os preocupéis que me volveréis a ver"*.

El día 21de junio las niñas vuelven al lugar, esta vez acompañadas de adultos, y cuando están rezando, caen en éxtasis. Las personas que las rodean se asombran de verlas inmóviles, con una dulce expresión en sus rostros y todas mirando hacia un mismo punto del cielo. Las "visiones celestiales" se repiten durante varios días. El párroco asiste a los éxtasis, viendo como pinchan y queman a las niñas sin que muestren el más mínimo signo de dolor. *"Sin duda, estas niñas ven algo que no es de este mundo. Bien pudiera ser cosa de Dios"*, es lo único que puede expresar don Valentín. Por fin, el 1 de julio, la aparición se identifica. Dice ser el arcángel San Miguel y anuncia a las niñas que al día siguiente vendría acompañando a la Virgen María. Y así es. Ese día, se les aparece la Virgen a las niñas, tras recibir una especie de llamada interior que las hizo correr hacia La Calleja. Las niñas la describen así: *"Viene con un vestido blanco, el manto azul, la corona de estrellas doradas, las manos estiradas, con un escapulario marrón, salvo cuando lleva al niño en brazos; el pelo largo, castaño oscuro, con raya en medio; la cara alargada, con nariz muy fina; la boca muy bonita, con labios un poco gruesos; aparenta unos 17 años y es más bien alta"*.

Las filmaciones existentes de la época son estremecedoras: durante sus éxtasis las niñas se desplazan de rodillas por un terreno pedregoso; se tumban en el suelo boca abajo y con la cabeza estirada hacia atrás, adoptando posturas incomodísimas y a veces hasta dolorosas; andan incluso de espaldas, al unísono, sin tropezarse ni caerse a pesar de las dificultades del terreno; las vemos coger rosarios, fotos y medallas de los asistentes, mientras que sus ojos siguen mirando hacia el cielo; extienden los objetos para ser bendecidos por la Virgen y luego son devueltos sin equivocación a sus respectivos dueños; después salen del éxtasis como si tal cosa, sonrientes y sin recordar nada.

A los pocos días comienzan a suceder prodigios extraordinarios. Muchos testigos dicen haber presenciado las "comuniones místicas", algunas de las cuáles han podido ser fotografiadas y filmadas. Otros hablan de haber visto a algunas de las niñas levitando a unos centímetros del suelo, y aseguran que un "aroma celestial" embriaga el ambiente durante los éxtasis. También son impresionantes las marchas y caídas extáticas, fenómenos increíbles que dejarían boquiabierto al más íntegro de los mortales. El Dr. Ricardo Puncernau, neurólogo y autor de un magnífico ensayo titulado *Parapsicología Científica*, fue testigo de algunos de esos hechos. Llegó incluso a pensar en una posible causa sobrenatural. *"La verdad es que no se encuentra una explicación natural que los comprenda en conjunto, por lo que desde un punto de vista científico, no se puede negar, por lo menos hasta hoy, la posibilidad de una causa sobrenatural en la realización de todos estos fenómenos"*, manifestó durante una conferencia pronunciada en 1965.

Durante las "marchas extáticas", las videntes no se tropezaban ni se caían pese a mirar hacia arriba y ser un terreno pedregoso.

El caso trascendió a la prensa nacional y la zona no tardó en ser invadida por multitudes llegadas de todo el país. Mientras tanto, la Virgen avisaba en sus mensajes —como es costumbre— de grandes castigos para la Humanidad si no cambiábamos de conducta y no manteníamos la fe. *"Hay que hacer muchos sacrificios y mucha penitencia y tenemos que visitar mucho el Santísimo. Pero antes tenemos que ser muy buenos. Y si no lo hacemos vendrá un castigo muy grande".*

Durante cuatro años las niñas reciben mensajes de similar contenido, hasta el 13 de noviembre de 1965, día en que la Virgen se despide de todos a través de Conchita: *"¿Te acuerdas de lo que te dije el día de tu santo, de que sufrirías mucho en la tierra?... Ten confianza en Nosotros y lo ofrecerás con gusto a nuestros corazones, por el bien de tus hermanos, porque así estarás más unida a Nosotros (...) Os quiero mucho y deseo vuestra salvación, para reuniros en torno del Padre, del Hijo y del Espíritu Santo (...) Será la última vez que me veas aquí, pero estaré siempre contigo y con todos mis hijos...".*

Pero había algo que seguiría manteniendo esta historia por muchos años, incluso hasta nuestros días. Y es el anuncio de un "milagro" extraordinario que marcaría el inicio del final de los tiempos. *"Estoy segura de que el milagro vendrá, porque la Virgen me lo ha dicho, y también sé la fecha y el contenido del milagro que la Virgen hace para el mundo. Estoy tan cierta de que va a venir el milagro como que dos y dos son cuatro"*, aseguraría Conchita.

Mucho se ha especulado sobre la naturaleza de dicho milagro. Lo único cierto es que hasta la fecha no ha ocurrido, a pesar de las falsas alarmas que

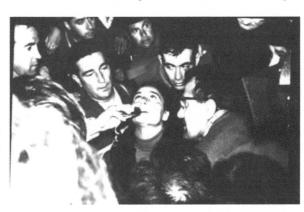

La vidente Conchita manteniendo un diálogo con la Virgen.

han dado los garabandalistas durante las dos últimas décadas. Según Conchita, y como únicas pistas, el milagro se producirá un jueves; a las ocho y media de la tarde; en marzo, abril o mayo; coincidiendo con un evento de enorme trascendencia para los cristianos –algunos aseguran que el jueves santo–; coincidirá además con el día de un santo mártir vinculado con la Eucaristía. Antes del milagro, habrá un importante aviso en forma de una gran señal en los cielos, visible para todo el mundo. La vidente ha dicho que empieza por "A". Los garabandalistas, así como muchos otros visionarios, ya han pensado que pueda tratarse de un asteroide. Concretamente de la estrella Ajenjo, citada en el 8:11 del *Libro del Apocalipsis*. Tras el aviso, y en un plazo de doce meses, ocurrirá el "Gran Milagro" en los alrededores de Garabandal, y permanecerá allí para siempre. Todo el que vaya será curado. No se sabe qué puede ser. Conchita sólo dice que avisará ocho días antes de que ocurra, y que podrá ser filmado y televisado. Si después del milagro, el mundo no se convierte, recibiremos nuestro merecido... *"La Virgen hará el milagro para intentar evitar el*

Castigo", nos recuerda la vidente. Y todo este lío es lo que mantiene alerta no sólo a los garabandalistas, sino a los devotos de muchos otros enclaves aparicionistas. Y es que, la Virgen, a través de otros videntes, sigue insistiendo aún hoy en lo que hace casi cuarenta años anunció a Conchita.

Ese deseo enfermizo de ver cumplida la supuesta profecía dada por la Virgen, hizo que los garabandalistas se equivocaran estrepitosamente. Corrieron el rumor de que el Gran Milagro tendría lugar el 13 de abril de 1995, jueves santo. La noticia se propagó a la velocidad de la luz, y varias semanas antes de la fecha prevista, llegaron hasta Garabandal peregrinos de todo el mundo. Casi todas las plazas hoteleras de Cantabria quedaron cubiertas y hubo una psicosis general. El vicario de la comarca, don Pedro Salvador, perplejo ante lo que se le echaba encima, intentó en vano hacer un llamamiento para que los católicos desistiesen de ir al lugar: *"El movimiento generado en torno a Garabandal huele a montaje (...) Estos individuos abusan del sentimiento religioso de la gente de buena voluntad, y les hacen concebir unas falsas expectativas".* Ante las dimensiones que estaba tomando el asunto, la propia Conchita, desde su residencia de Nueva York, aclaró que no había recibido aún el aviso de la Virgen que precedería al milagro, así que ese 13 de abril no pasaría nada. Aún así en Garabandal se dieron cita unas 10.000 personas que se quedaron con las ganas de observar el temido milagro. Paradójico, ¿no? Sin embargo, algunos más oportunistas que videntes, como la norteamericana Jeiny Garzan, aprovecharon la ocasión para caer en éxtasis y recibir un mensaje "celestial"...

Ya con anterioridad, los garabandalistas habían tenido un resbalón al creer que el choque del cometa *Shoemaker-Levy* contra Júpiter, ocurrido en julio de 1994, sería el aviso anunciado por Conchita. ¡Cuántos tropezones les quedan!... Comprendo que estén impacientes. Y es que, en 1965, Conchita dijo: *"El Milagro no tardará en venir"*...

Mientras, siguen las cábalas. La marióloga Pilar Gutiérrez, que se toma muy al pie de la letra esto de las profecías milenaristas, ofrece datos muy reveladores sobre el aviso, basándose en un mensaje recibido por Mari Loli: *"Dios va hacer algo tan grandioso que va a parar el mundo. La Humanidad sentirá un fuego que no quema el cuerpo, pero que produce un calor impresionante en el alma. Será un fuego purificador. Durante ese aviso se parará todo. La Virgen ha dicho que se pararán hasta los aviones en pleno vuelo. Se quedará todo suspendido. Todo el movimiento producido por el hombre, las máquinas, se detendrán durante ese tiempo para que Dios de alguna forma, demuestre al hombre cual es nuestro verdadero poder ante el suyo. Durante ese tiempo cada uno va a sentir como si estuviera ante Dios...".* Lo de pararse las máquinas y cesar toda actividad humana, ya lo vimos reflejado en el magnífico clásico de ciencia-ficción *Ultimátum a la Tierra.* La diferencia es que en la película fue provocado por los extraterrestres para demostrar su poder ante nosotros. En el caso de Garabandal, lo hará Dios. No sé si tendrá que ver o no, pero Dios a fin de cuentas es un extraterrestre, o eso dicen algunos... Bromas aparte —y es que uno no puede más que sonreír cuando oye tantas

Imagen de la Virgen tal y como se les apareció a las niñas videntes de Garabandal.

barbaridades—, hay una pregunta que no puede quedar en el aire. ¿Qué postura ha tomado la Iglesia respecto a los sucesos de Garabandal? Aunque hubo sacerdotes muy atraídos por esta historia y que se convirtieron en acérrimos defensores, como el jesuita Ramón Andreu o el padre Laffineur, la actitud de la jerarquía eclesiástica siempre ha sido negativa frente a este caso. El primer comunicado se emite el 26 de agosto de 1961, y lo firma el Obispo de Santander, Doroteo Fernández. Según sus palabras, *"nada hasta el presente nos obliga a afirmar la sobrenaturalidad de los hechos allí ocurridos".* El 7 de octubre de 1962, el nuevo obispo, monseñor Eugenio Beitia Aldázabal, hace pública otra nota en la que señala que los fenómenos de Garabandal *"tienen una explicación de carácter natural"*. Su sucesor, monseñor Vicente Puchol, también negaría el carácter sobrenatural de este caso, tras consultar con la Santa Sede, en un contundente informe fechado el 17 de marzo de 1967. *"No ha existido ninguna aparición de la Santísima Virgen, ni del Arcángel San Miguel, ni de ningún otro personaje celestial. No ha habido ningún mensaje. Todos los hechos acaecidos en dicha localidad tienen explicación natural"*.

Desde entonces y hasta ahora, todos los sucesivos obispos han mostrado su escepticismo ante los sucesos de Garabandal. Quien se mostró algo más receptivo fue el obispo Juan Antonio del Val, que en 1988 manifestó: *"Estoy abierto a toda información, a toda consideración sobre Garabandal, y en este sentido quiero continuar; lo que he hecho ahora es autorizar a los sacerdotes para que suban a Garabandal y celebren allí la Eucaristía, anteriormente prohibido por las notas que dieron mis antecesores"*.

De todas formas, recientemente he podido conseguir una carta escrita por el actual Obispo de Santander, José Vilaplana Blasco, fechada en noviembre de 1997, en la que entre otras cosas manifiesta:

"...Dado que las declaraciones de mis predecesores, que estudiaron el caso, han sido claras y unánimes, no he creído oportuno hacer una nueva declaración pública por evitar dar notoriedad a unos hechos demasiado lejanos en el tiempo. Sin embargo, sí he creído oportuno redactar este informe como respuesta directa a las personas que piden orientación sobre la cuestión, que doy por terminada, aceptando las decisiones de mis predecesores, que hago mías y las orientaciones de la Santa Sede.

Referente a las celebraciones de la Eucaristía en Garabandal, siguiendo las disposiciones de mis predecesores, sólo admito que se celebren en la iglesia parroquial sin referencia a las supuestas apariciones y con la autorización del Párroco actual, que goza de mi confianza".

¿A qué puede deberse esta actitud tan contraria por parte del clero? ¿Desconfían de alguna cosa? La verdad es que Garabandal esconde un gran secreto. Algo que ha quedado sin aclarar y que, sin duda, ha enturbiado esta historia. Me refiero a las declaraciones que en su día hicieron algunas de las niñas, negando sus propias visiones y éxtasis. Llegaron incluso a confesárselo al párroco y al obispo. El sacerdote sevillano Enrique López Guerrero, manifestó al periodista Gabriel Carrión que: *"Mari Loli, la segunda vidente en importancia, me abrió los ojos y me descubrió toda la verdad. Ellas habían empezado como si se tratase de una broma y viendo que la gente se interesaba muchísimo por el tema,* siguieron adelante hasta que se asustaron. *Llegaron las dudas sobre si lo que habían visto era real o imaginario"*.

Mari Cruz, por su parte, tenía alguien a quien culpar: *"Se lo inventó todo Conchita, que siempre estaba organizando bromas. Lo hizo sin mala intención, pero se montó tal jaleo que tuvimos que seguir (...) Yo temía que si decía la verdad la iban a tomar con nosotros"*.

Conchita, en una entrevista realizada en 1971, declaró que: *"...Dije al obispo que no había visto nunca a la Virgen, y que había engañado a todo el mundo, todo el tiempo (...) Estas dudas duraron cinco o seis días. Desde entonces estoy sumida en la confusión y en la duda, esperando un milagro para confirmar si fue verdad o no"...*

¿Qué o quién las llevó a retractarse? ¿Estuvieron presionadas por terceros para negar todo, como afirmaron algunas personas del entorno de las videntes?... Según Maximina González, tía de Conchita y testigo de algunos fenómenos extraordinarios, hubo quien coaccionaba a las niñas, con amenazas incluidas, para que negaran todo. *"Estábamos allí la madre de Conchita y yo, el Dr. Peñal y el Dr. Luis González, y entonces es cuando le decían a Conchita 'si desistes de esto de Garabandal serás una señorita, te meteremos en un colegio, pero si no desistes de esto, a ti te llevaremos a un manicomio y a tu familia a la cárcel"*.

Pero hay algo más. Charlando con el sacerdote José María Pilón sobre Garabandal, me revela algo sorprendente: *"Yo hablé con el arzobispo de Pamplona, monseñor José María Cirarda* —quien fue Obispo de Santander en 1968— *y recuerdo que me confesó una cosa muy gorda. Él me contó que*

Cuenta atrás en el milagro de Garabandal

Región

El vicario de la comarca pide que no se asista a los actos de Garabandal

Afirma que la expectación creada para el día 13 de abril «huele un poco a montaje» y que la Iglesia nunca ha reconocido las supuestas apariciones

Conchita y Loli insisten en que el jueves no pasará nada extraordinario en Garabandal

Los periódicos regionales se hicieron eco del presunto milagro que iba a producirse el 13 de abril de 1995 en Garabandal.

Conchita, la principal vidente, le había dicho que habían robado formas consagradas del sagrario de la parroquia para ensayar la comunión mística, y esto es muy grave".

¿Fueron entonces fingidos los éxtasis? ¿Tuvieron realmente visiones? Siempre permanecerá la duda. Muchas veces, los fenómenos parapsicológicos comparten lugar con el fraude. No podemos decir que el caso Garabandal sea totalmente falso, ni tampoco que sea totalmente cierto. Podemos encontrar testimonios fiables para defender cualquiera de las dos posiciones. Es, por tanto, muy probable que allí hayan ocurrido fenómenos de naturaleza paranormal, pero también se ha podido recurrir al fraude para satisfacer, en cierta manera, a los fieles que van buscando ansiosamente el milagro. No es la primera vez que conviven lo real y lo falso en estas historias. Grandes médiums y paragnostas, han echado mano alguna vez del fraude al no poder manifestar siempre a voluntad sus facultades psi. Quizás, como manifestó en su día el sacerdote Lucio Rodrigo, confesor de Conchita, el juicio definitivo sobre la verdad de Garabandal debía quedar pendiente de la realización en el futuro del "milagro" anunciado por Conchita. Por mi parte, como no tengo confianza en las profecías milenaristas, prefiero basar mis juicios en cosas más tangibles. Y este caso, es ciertamente confuso. Así que, como bien dice el parapsicólogo Scott Rogo, *"la historia de Garabandal es una crónica sin final y un misterio sin solución"*.

De lo que únicamente no hay duda es del negocio que se ha generado en torno a las apariciones de Garabandal. Con razón el investigador Gabriel Carrión habla de "multinacional de la fe". Conchita, Jacinta y Mari Loli se casaron con americanos y viven en Estados Unidos. Mari Cruz reside en Asturias. Desde Nueva York, Conchita González, coordina el llamado "Garabandal Center", fundado y financiado, desde 1968, por el empresario multimillonario Joey Lomangino –director de la sede central de la organización en Nueva York y también director de la revista *Garabandal*–, que se convirtió en un acérrimo devoto tras visitar la localidad cántabra en pleno auge de las apariciones. Por cierto, Joey es ciego y espera recobrar la vista el día del gran milagro... El Garabandal Center cuenta con medio millar de delegaciones sólo en EE.UU. y está extendido por todo el mundo –Europa, Australia, Sudáfrica, China, Japón, India, Malasia, Rusia, etc–. Es un negocio que mueve muchísimo dinero gracias a las aportaciones económicas de los fieles y a la venta de objetos relacionados con las célebres apariciones: estampas, diapositivas, fotos, escapularios, rosarios, medallas, casetes, revistas, libros, etc. Las imágenes de las niñas en éxtasis están recogidas en dos vídeos, *The Message of Garabandal* y *Garabandal – The Eyewitnesses*, disponibles a $25.00 US cada uno, y con versiones en 30 idiomas. Hoy, aprovechando el tirón de Internet, tienen una página web, que puede consultarse en diez idiomas, en la que ofrecen sus productos comerciales por correo, además de contar la historia de las apariciones, publicar artículos y entrevistas, mostrar las fotos de las niñas en pleno "arrobamiento místico", difundir testimonios sobre curaciones milagrosas, etc. Para el interesado que quiera visitarla es: *www.ourlady.ca*. Y por si alguno desea colaborar en la difusión de la obra garabandalista, puede hacerse hasta promotor y formar parte de los miles de trabajadores voluntarios pertenecientes a Los Obreros de Ntra. Sra. del Monte Carmelo.

Aunque el mundo moderno está, según los seguidores aparicionistas, muy influido por el Maligno, también tiene sus ventajas y, por lo que vemos, éstos saben aprovecharlas muy bien...

El Escorial (Madrid)

EL "FÁTIMA" ESPAÑOL TIENE UN NOMBRE: Prado Nuevo de El Escorial. De toda nuestra geografía es, sin duda, el enclave mariano que más peregrinos atrae. Cincuenta mil personas pueden llegar a congregarse un primer sábado de mes. La primera vez que visité Prado Nuevo me quedé realmente sorprendido ante la gran aglomeración de fieles que allí se dan cita. No es extraño que muchas otras apariciones intenten imitar este caso. Su veteranía la convierte en blanco de las envidias, y es raro el vidente mariano que no haya pisado Prado Nuevo de El Escorial para ver, oír y copiar...

Esta historia comenzó a las 9 de la noche del 12 de noviembre de 1980. Luz Amparo Cuevas, de 49 años, esposa y madre de siete hijos, siente que alguien la persigue cuando regresa al domicilio en el que trabaja como asistenta, en el n° 7 de la calle Santa Rosa de San Lorenzo de El Escorial. No sabe quién es, pero a partir de ese momento le ocurren fenómenos inexplicables y oye una voz que le dice: *"Reza por la paz del mundo y por la conversión de los pecadores. Amaos los unos a los otros. Vas a recibir pruebas de dolor".* Tres días después le aparecen los estigmas en la frente y en las manos. Se le manifiesta Jesús crucificado para comunicarle el sufrimiento que le espera: *"Hija mía, ésto es la*

Pasión de Cristo. La tienes que pasar entera". "Yo no lo resisto" —responde Amparo—. *"Si tú en unos segundos no lo resistes, ¿cuánto pasaría Yo, horas enteras en una Cruz, muriendo por los mismos que me estaban crucificando? Puedes salvar muchas almas con tus dolores",* le explica Cristo. Amparo finalmente acepta con resignación... Y desde entonces, los estigmas se le extienden al costado, las rodillas y los pies.

La vidente de El Escorial, Amparo Cuevas, en éxtasis.

También sangra por los ojos y la boca. Y según cuentan, hasta se le ha visto un corazón de relieve en su pecho, sangrando y atravesado por una flecha. Estigmas y sanguinaciones que le producen un tremendo dolor. Y todo ello acompañado de fenómenos como bilocación, xenoglosia, osmogénesis, comunión mística, etc.

Así es como Amparo Cuevas, de la noche a la mañana, se convierte en una especie de mística, que recibe frecuentes locuciones y visiones celestiales. Pero no es hasta el 14 de junio de 1981 cuando se le manifiesta la Virgen María sobre un fresno en Prado Nuevo de El Escorial para darle el siguiente mensaje:

"Soy la Virgen Dolorosa. Quiero que se construya en este lugar una capilla en honor a mi nombre; que se venga a meditar de cualquier parte del mundo la pasión de mi Hijo,

que está muy olvidada. *Si hacen lo que yo digo, el agua de esta fuente curará. Todo el que venga a rezar aquí diariamente el Santo Rosario será bendecido por mí. Muchos serán marcados con una cruz en la frente. Haced penitencia. Haced oración".* Las primeras veces visita la pradera con un reducido grupo de allegados para rezar el rosario. Pero no es fácil que sus visiones y trances se mantengan en secreto, y poco a poco, el número de fieles se va haciendo mayor los primeros sábados de mes, día elegido por la Virgen para hacer su aparición. En cuestión de meses el caso se propaga a los cuatro vientos. La vidente –que adquiere un carisma inusitado– es requerida por los medios de comunicación. Y comienzan los rumores de curaciones extraordinarias, supuestas "danzas del sol", etc.

Amparo Cuevas, siempre escoltada por su familia, llega junto al fresno, se arrodilla y comienza a rezar el rosario. En pocos minutos, su mirada se ausenta, su cuerpo se torna rígido y eleva lentamente sus manos en posición orante. Así es como la vidente cae en éxtasis. *"En ese momento, no sé dónde estoy* –explica Amparo–. *Y al poco, veo cómo una especie de arco iris abre desde el sol un camino, por el que se aproximan muchos ángeles, y en el centro, la Virgen, que brilla como nadie, entre rayos luminosos que la envuelven".*

Y al instante surgen los mensajes. Con voz gutural y respiraciones jadeantes, la Virgen –y a veces Jesús–, transmite severos avisos al género humano. Castigos, amenazas, infiernos, epidemias, desastres naturales, etc. Nada reconfortantes. Sirvan estos ejemplos...

"Hija mía, diles a todos que si no escuchan lo que les digo, en el mundo habrá un castigo como jamás se ha visto y antes que en ningún sitio será en España (...) El castigo está muy cerca; diles que me escuchen, que quiero que se salven todos..." (la Virgen, 28 de julio de 1981).

"...Habrá grandes terremotos, grandes sequías, enfermedades que causarán la muerte. Rezad, hijos míos y poneos a bien con Dios, con la oración se puede calmar la justa y divina ira de Dios Padre (...) Es importante sufrir; sufriendo se alcanza el reino de Dios" (Jesucristo, 25 de septiembre de 1981).

"El castigo está cerca. El astro Eros hará iluminación sobre toda la humanidad, será horrible; parecerá que el mundo está en llamas; sólo será unos segundos; muchos de los humanos quisieran estar muertos en ese momento; muchos humanos morirán de esa gran impresión, será como lluvia de fuego; temblará toda la tierra, será horrible..." (la Virgen, 11 de febrero de 1982).

"El dragón de las siete cabezas, hija mía, se está adueñando de la mayor parte del mundo, especialmente de mis almas consagradas, de muchos altos puestos de la Iglesia. Se introduce Satanás para arrebatarlos de nuestro Corazón; y ellos se dejan arrastrar. Triunfó en el mundo, hija mía. ¡Los siete pecados capitales...! Los hombres se dejan seducir por las fuerzas del mal..." (la Virgen, 2 de agosto de 1986).

"La cólera de Dios caerá sobre vosotros si no hacéis penitencia y sacrificio. La justa ira de Dios derramará su cólera. Escuchad mis palabras, hijos míos, el tiempo se acorta y vuestros corazones siguen endurecidos. El castigo vendrá como el relámpago, sin avisar, estad preparados..." (Jesucristo, 1 de junio de 1991).

"Orad para que Dios detenga su brazo, pues en el mundo, hija mía, habrá grandes castigos de cataclismos (...) Astros con más de 12 Km. de longitud caerán sobre la Tierra y terminarán con la mayor parte de ella. Por eso, hijos míos, os digo que oréis, que hagáis penitencia y sacrificio, para que Dios tenga misericordia de las almas" (la Virgen, 1 de julio de 2000).

Tampoco faltan las alusiones a Rusia y al comunismo:

"Se están salvando muchas almas con el Rosario, seguid rezándolo con devoción, ofrecedlo por la conversión de Rusia, porque Rusia es el flagelo de la humanidad. Haz mucha penitencia por Rusia" (Jesucristo, 11 de diciembre de 1981).

"Rezad por España, porque está en un gran peligro. El comunismo está metido en la Iglesia" (la Virgen, 1 de enero de 1982).

Los autocares repletos de peregrinos –defensores muchos del tradicionalismo más rancio– llegan de toda España, e incluso del extranjero, para oír mensajes como los anteriores. La explanada se llena también de mendigos y vendedores ambulantes. Prado Nuevo se convierte en una romería campestre. Mercadillos con puestos donde se venden toda clase de *souvenirs* religiosos; familias cargadas de mesas y sillas playeras, con bocadillos de tortillas y latas de refrescos; filas de gente con cubos y botellas para coger agua "milagrosa" de la fuente; niños correteando entre los árboles... El fresno de las apariciones, en el que ya se colocó una pequeña capilla con la imagen de la Virgen, es adornado con decenas de ramos de flores. La música clásica, las oraciones, los testimonios, etc. pueden oírse a través de la megafonía. Allí no falta detalle...

Y entre la multitud, vemos a ciertos fieles mostrando álbumes de fotos en las que se ven extrañas luces, reflejos multicolores y cruces resplandecientes en el Sol, las "puertas del Cielo", la figura de la Virgen sobre los árboles, etc. Conservo en mis archivos muchas de esas presuntas fotos "milagrosas" tomadas en Prado Nuevo. Con un simple vistazo, se pueden explicar: fallos en el revelado, doble exposición, reflejos de flashes, reflejos de la luz solar... Las famosas fotos de las "puertas del Cielo", por ejemplo, y que tanta gente han conseguido con cámaras *Polaroid* cuando disparan al Sol, se deben sencillamente a un efecto producido por la incidencia directa de la luz sobre la lente. Debido a la apertura del obturador de esas cámaras, queda luego reflejada en la instantánea una forma rectangular luminosa. Otras fotos son trucadas deli-

Moisés Garrido junto al fresno de las apariciones (El Escorial, Madrid).

beradamente. Como las que se ve a la Virgen posada entre las ramas de los árboles. No se trata más que de recortes de la imagen de la Virgen Dolorosa que fue pintada en su día por Elvira Soriano siguiendo las instrucciones de la vidente. El montaje tiene que estar realizado de forma similar al célebre fraude de las "hadas" de Cottingley. Sin embargo, en Prado Nuevo hay quien hace su agosto con todas estas fotografías...

Como fraudulento puede resultar también ese "aroma celestial" que a veces inunda el ambiente. Vean sino lo que cuenta el psicólogo Gabriel Carrión a este respecto:

"Uno de los mayores milagros que se solía esgrimir en El Escorial como garantía de que realmente allí ocurrían hechos extraordinarios era el del famoso aroma a rosas, sin embargo un querido amigo y periodista de Tele 5 me hizo llegar unas palabras donde al parecer quedaba demostrado como se producía ese fenómeno. Simplificando el proceso comentaré que se resume en esparcir por el lugar unas ampollas de aroma con el cristal lo suficientemente fino como para que al ser pisadas estallen sin apenas crujir; teniendo

en cuenta que el efecto contagio es muy común, es fácil darse cuenta de que en el momen-
to en que una persona huela algo, cincuenta más se unirán a ella diciendo que también
ellas lo huelen. La necesidad es la madre del ingenio...".

El 12 de abril de 1985, el Arzobispado de Madrid, tras haber nombrado una Comisión de Estudio, hace pública una nota en el *Boletín Oficial de la Archidiócesis*, en la que declara que *"no consta el carácter sobrenatural de las supuestas Apariciones y Revelaciones que se dan en el lugar conocido por el nombre de Prado Nuevo, en El Escorial"*. La vidente se somete al magisterio de la Iglesia y obede-

La vidente Amparo Cuevas en éxtasis junto al fresno de las apariciones (El Escorial).

ce la orden del entonces Arzobispo de Madrid-Alcalá Angel Suquía, de no volver a Prado Nuevo los primeros sábados de mes, cuando está todo el gentío. Así que, la madrugada anterior, en algún lugar de la pradera, recibe el mensaje, se graba, y luego se emite por megafonía la tarde del sábado. Amparo se convierte en una persona inaccesible para la prensa. Sus portavoces son sus fieles más cercanos y su director espiritual, el sacerdote carmelita Alfonso María López Sendín. Ellos son los encargados de difundir los mensajes y vivencias de la vidente, incluso por Internet.

Desde que su hijo Jesús Barderas Cuevas muriese a causa de una sobredosis de heroína, Amparo también recibe de vez en cuando comunicados suyos, intercalados entre los mensajes de la Virgen y de Jesús (?). El 7 de septiembre de 1996, recién fallecido, transmite a su madre lo siguiente: "*¡Mamá, mamá! Estoy más seguro que en la Tierra, mamá. Es un destierro solamente, he comprendido al llegar aquí, mamá. He creído, mamá, en todo, pero he sido débil y he estado rodeado de muchos demonios que no me dejaban, ni uno ni otro. Así está la Tierra, mamá, llena de demonios que no dejan a los hombres seguir el camino de Dios. No sufras, has sido una buena madre. No sufráis por mí; estoy en un lugar muy bello, y quiero que lo alcancéis vosotros también. ¡Ay, qué felicidad se siente! Ya se me han ido las angustias y los tormentos. No sufras, mamá. Gracias a todos los que han rezado una oración por mi alma*".

También a través de Amparo han hablado otros espíritus. Personas que en vida estuvieron muy cerca. No nos queda claro, por tanto, si además de vidente aparicionista, es también médium. Es curioso lo que al respecto me comentó el jesuita José María Pilón: "*Amparo puede tener mediumnidad, y ella cree que es la Virgen. El que se lo crea allá él; yo ciertamente no lo acepto*". Este sacerdote fue requerido, primero por el Cardenal Tarancón y más tarde por el Cardenal Suquía, para elaborar sendos informes sobre estas apariciones. "*Los dos informes han sido negativos* —me señala el jesuita—, *por lo cual a mí no me pueden ver por El Escorial. No puedo ir. Tengo que ir disfrazado, porque si no, me linchan*".

Sin duda, la paz ha brillado por su ausencia en Prado Nuevo. Los enfrentamientos que han tenido los seguidores de Amparo con el anterior alcalde socialista de El Escorial, Mariano Rodríguez, han sido muy sonados. El Ayuntamiento decidió vallar la zona para impedir el acceso de los fieles, tras llegar a un acuerdo con los dueños de la finca, la familia Leyún. Querían incluir el terreno en un ambicioso proyecto urbanístico. "*No permitáis, hijos míos, que este lugar sea explotado*", suplicaba la Virgen. También el agua de la fuente apareció de pronto contaminada, el fresno medio quemado y la capilla de la Virgen destrozada. Todo ello provocó las iras de los fieles, y también de la Virgen, que en algunos de sus mensajes amonestaba seriamente al alcalde, al que culpaban de todo. Él se defendía contraatacando:

"*A mi juicio no revelan un ejercicio de las virtudes que pregonan. Creo que ni hay humildad ni caridad cristiana, ni hay paz en estos mensajes. Lo que hay es una llamada a la violencia y una llamada a la desobediencia civil*".

He podido entrevistar *in situ* a Julián Argüelles, uno de los principales promotores de las apariciones de Prado Nuevo. Así interpreta el problema:

"El tema tiene un trasfondo político. El alcalde de El Escorial, socialista, todos mis respetos para las socialistas, ve que si este hecho religioso se sigue desarrollando, y que como consecuencia de este hecho religioso muchas personas nos hemos venido a vivir aquí, él sabe que por supuesto no vamos a votarle, entonces él utiliza todos los medios para echarnos de aquí...".

Los conflictos quedaron por fin resueltos en septiembre de 1995, con el nuevo alcalde popular Javier de Miguel al frente, quien mandó retirar las vallas, permitiendo así la entrada de los fieles a Prado Nuevo.

Las apariciones generan mucho negocio, como el de las ventas de parafernalia religiosa. En la foto vemos el mercadillo que se monta en Prado Nuevo de El Escorial.

Entre los más incondicionales de Amparo Cuevas, se encuentra Miguel Martínez Pascual, propietario de la casa donde ella trabajó de asistenta. Curiosamente, han cambiado los papeles y Miguel es ahora quien sirve a la vidente. Amparo, humilde y medio analfabeta, ha sido elegida por el Cielo, y los demás deben seguirla como hicieron los apóstoles con Jesús...

En 1988 se constituye la *Fundación Benéfica Virgen de los Dolores*, entre los devotos de más confianza –aunque sería legalizada por el Ministerio de Asuntos Sociales el 2 de abril de 1989–. Miguel Martínez es su presidente. Dejó su trabajo y hoy está dedicado en cuerpo y alma a la difusión de las apariciones de El Escorial. Dicha Fundación, que se encarga de gestionar todo el movimiento pseudoreligioso de Prado Nuevo, no ha estado exenta de polémica al haber sido acusada de secta por algunos matrimonios cuyas hijas han decidido abandonar todo –familia, noviazgo, amistades, estudios...– para ingresar en la organización como "seglares reparadoras" –aprobadas como Asociación Privada el 14 de mayo de 1993–. *"Tienen un montaje muy bien preparado y hay gente muy pode-*

rosa y peligrosa detrás de Amparo", manifiestan unos padres indignados que hace tiempo que no ven a sus dos hijas. Dicen haber recibido amenazas y temen acercarse por el lugar. Las familias afectadas aseguran que la Fundación –un grupo cerrado que poco a poco ha ido acumulando poder y riqueza– se apropia de los bienes, patrimonios y pensiones de los ancianos que recogen. No es fácil entrar en el enorme chalet que sirve como sede oficial de la Fundación, y que está frente a Prado Nuevo, en el nº 12-14 de la calle Carlos III de El Escorial. Sin embargo, Julián Argüelles hace una excepción conmigo y me hace pasar dentro. Allí veo a ancianos que no pueden valerse por sí mismos atendidos por las célibes "seglares", que me miran sonrientes. Supongo que son felices si han elegido esa misión en sus vidas. Aunque cuando hablo con algunos familiares me dicen que están explotadas, manipuladas y les han lavado el cerebro prometiéndoles el cielo eterno.

Pero de lo que no hay duda es de que se mueve muchísimo dinero en estas apariciones. Hacen un proselitismo muy brutal. Y los donativos de los fieles llueven como cataratas... En su día, la Fundación invirtió 600 millones de pesetas para levantar dos residencias de ancianos en Peñaranda de Duero (Burgos) y Torralba del Moral (Soria). En algunos panfletos repartidos por los miembros de la Fundación, leemos: *"El próximo primer sábado ya podremos retirar de la Fundación la Lotería Nacional de Navidad y los calendarios para el nuevo año. Esperamos que éstos puedan ser bendecidos por la Stma. Virgen como en años anteriores..."*. ¿Podemos hablar de negocio económico?... Las cifras hablan por sí solas. El actual patrimonio de la Fundación parece que ya supera los nueve millones de euros. Son propietarios de numerosos inmuebles en Madrid y en El Escorial. En sus

Fotos fraudulentas como ésta, en la que se observa un ángel flotando entre el gentío, se distribuyen entre los seguidores de El Escorial.

Los reflejos del Sol a veces forman figuras curiosas como cruces. Suficiente indicio para los creyentes de que hay una presencia celestial en El Escorial... Las famosas "puertas del cielo" –fotografía inferior derecha, tomada en El Escorial el 6 de julio de 1991–, no son más que el reflejo del diafragma de las cámaras *Polaroid* cuando se fotografía directamente una fuente de luz, como el Sol.

octavillas indican la cuenta que tienen abierta en *Caja Madrid*, en la que debe ingresarse los donativos, directamente o por transferencia bancaria. Y a base de esas generosas aportaciones de los fieles, es como consiguieron en 1997 su sueño: comprar la finca de Prado Nuevo, con una extensión de 650.000 m^2, evitando así que se destinara a un parque temático e instalaciones deportivas. Su coste aproximado: 5.400.000 euros. Piensan edificar santuarios, residencias de ancianos, albergues... El Escorial será, sin duda, la nueva meca mariana que competirá con Fátima y Lourdes.

En su mensaje del 7 de junio 1997, la Virgen se alegra por el logro conseguido:

"Hija mía, ¿ves cómo todo tiene un precio?, al final hemos triunfado. Yo dije que no me movería de este lugar y que quién eran los hombres para decir dónde tenía Yo que manifestarme. A Mí me gustó este lugar y vine a este pueblo, porque este pueblo me necesita; aunque muchos de ellos han intentado echarme de él".

La Iglesia, viendo el poderío alcanzado por este caso aparicionista —que tantas miles de "almas perdidas" ha conseguido captar—, parece que ha tomado una actitud más aperturista, permitiendo la presencia de sacerdotes y la celebración de actos litúrgicos. De hecho, en junio de 1994, cinco años después de crearse la Fundación, monseñor Suquía aprueba sus estatutos fundacionales y le otorga personalidad jurídica pública. Ahora pasa a llamarse *Fundación Pía Autónoma Virgen de los Dolores* y cuenta con un capellán, José Arranz. Asimismo, en esa misma fecha, Suquía aprueba la erección canónica de la Asociación Reparadores de Ntra. Sra. la Virgen de los Dolores, otorgándole también personalidad jurídica pública.

No es de extrañar que finalmente las autoridades eclesiásticas acepten el culto a esta aparición mariana. Por lo pronto, el 4 de mayo de 2002 finalizaron las "comunicaciones con el Cielo" tras veintidós años ininterrumpidos de mensajes catastrofistas, reaccionarios, ultraconservadores y apocalípticos. *"Meditad los mensajes. No habrá más mensajes, pero habrá bendiciones muy especiales y marcas que quedarán selladas en las frentes"*, comunicó Jesucristo ese día.

Amparo ha estado muy bien asesorada e instrumentalizada durante todo este tiempo. Aunque me queda por confirmar este punto, parece ser que los mensajes de El Escorial han estado elaborados por alguien ligado al clero. En los últimos años, parecía como si Amparo los estuviera leyendo. No se apreciaba, como cuando iba a Prado Nuevo, esa voz ronca y jadeante típica de los éxtasis...

Lo cierto es que Amparo era consciente de que la Iglesia se pronunciaría cuando cesaran los presuntos mensajes celestiales. Suponemos que ahora, el actual Cardenal-Arzobispo de Madrid Antonio Mª Rouco Varela, comenzará a

Pequeña capilla colocada en el fresno de las apariciones de Prado Nuevo. Los devotos pasan sobre ella las fotos de sus familiares enfermos.

estudiar los pretendidos frutos espirituales, las obras sociales y las conversiones —aunque no las riquezas financieras— conseguidos por este poderoso movimiento mariano, del que sin duda la Iglesia sacará su buen beneficio, como en otros importantes casos aparicionistas...

Huecas (Toledo)

La Inmaculada Concepción decide aparecerse un caluroso 4 de julio de 1992 en Huecas, localidad toledana de tan sólo 400 habitantes. Los elegidos son Elena Martín, Maria Rosa Rubio, Montse y Rubén, de entre 9 y 14 años.

Jugaban cerca del cementerio cuando tuvieron un encuentro con una figura *"muy alta, con el pelo largo, castaño y ondulado, y con una corona sobre su rostro"*. Las apariciones se repitieron en los días siguientes. Los niños decían que no podían ver el rostro de la Virgen, pues lo llevaba oculto con un velo. *"Nos dijo que aún no tenía suficiente confianza en nosotros para mostrarlo"*, aseguraría Elena.

Da la coincidencia que en el pueblo se celebraba con anterioridad una fiesta dedicada a la Inmaculada Concepción, que fue sustituida por el Día de la Madre. Decían los vecinos que el cambio no gustó a la Virgen y vino a reclamar mayor atención. Y así fue como el pueblo fue invadido por peregrinos de los alrededores. Hasta 4.000 personas se daban cita para contemplar a los niños durante sus visiones celestiales y para rezar el rosario. Y ya la Virgen, más feliz, mostró su rostro en todo su esplendor. Y comenzaron los prodigios... Se habla de extraños resplandores, aromas celestiales y curaciones. Mientras, el párroco del pueblo, observa y calla.

Esta vez la Virgen no quiere ninguna capilla, así que la gente coloca velas y flores en un improvisado altar con una imagen de la Inmaculada de Murillo. Los angelitos del cuadro también han sido vistos por los niños. *"Los hemos visto de tres clases, con sólo el cuerpo, con sólo la cabeza y enteros. Revolotean alrededor de la Virgen"*, confiesan. A pesar de estas aparentes fantasías infantiles, Maria Rosa muestra una cruz estigmatizada que le ha aparecido en su vientre. *"Quiero que tengas un don que sobrepase los límites de lo divino"*, le dice la Virgen. Lo curioso es que el estigma le surgió tras soñar con un crucifijo con cinco clavos ardiendo. Al despertar, se encontró con la aparente marca milagrosa: cinco puntos rojizos formando una cruz. Un estigma figurativo que, bien visto, tiene todos los indicios de ser autoprovocado involuntaria e inconscientemente. En este caso, durante el sueño. Al final, la Virgen cumple con su objetivo, transmitiendo sus típicos mensajes y atrayendo devoción al pueblo, y se despide para siempre el 5 de septiembre del mismo año, tras dar un beso a los niños. Un caso sin mayor trascendencia pero que a los lugareños les hizo vivir un verano menos rutinario.

CAPÍTULO 9

La Virgen recorre el mundo

"La percepción, sin comprobación ni fundamento, no es garantía suficiente de la verdad"

BERTRAND RUSSELL, filósofo.

Guadalupe (México)

"HERNÁN CORTÉS SABEMOS QUE ENTRÓ en México enarbolando un estandarte, que se conserva en el castillo de Chapultepec, con la imagen de la Virgen por todo emblema en el escudo. Precisamente antes de partir para la conquista del pueblo azteca, fue a postrarse a los pies de Nuestra Señora de Guadalupe, del santuario cacereño procedente de una aparición a un pastor en la segunda mitad del siglo XIII. Y lo que son las coincidencias, la Virgen de Guadalupe se fue a aparecer poco después al indio Juan Diego; un nombre tan corriente en aquellos parajes, que es como si en España se apareciese a un tal José García, y hubiese que beatificarlo como se ha hecho con el tal Diego, cinco siglos después".

Estas palabras del parapsicólogo Ramos Perera, expuestas en su libro *Las creencias de los españoles: La tierra de María Santísima*, nos sirven muy bien para encabezar un caso que tiene todos los indicios de ser una mera leyenda. Leyendas piadosas como las de las apariciones de la Virgen de Guadalupe fueron potenciadas por un clero que solo perseguía imponer la fe católica a la fuerza —a eso le llamaban evangelizar— en unas tierras recién conquistadas. Y para adoctrinar a aquel "salvaje" pueblo azteca ¿qué mejor manera que utilizar la supuesta historia de un indio que había visto a la Virgen?... El caso Guadalupe, ha sido ubicado por la tradición en 1531, diez años después de la derrota sufrida por Moctezuma a manos de Hernán Cortés. Sin duda, es un periodo realmente tenso. Algunos nativos preparaban una sublevación sangrienta para acabar con los colonos españoles, mientras que otros estaban dispuestos a someterse al cristianismo y a las costumbres hispánicas. Juan Diego, de origen indio, se había convertido a la nueva religión. Cambió de nombre cuando se sometió a la doctrina católica —su anterior nombre fue *Cuauhtlóhuar*, que significa "el que habla como un águila"—, y quizás, como recompensa, la mañana del 8 de diciembre de 1531, el Cielo le obsequia con una visión sobrenatural. Mientras se encaminaba a Tepeyácac, oye una susurrante voz que le llama por su nombre. Al ir a su encuentro, observa sorprendido que se trata de una bella figura femenina, de tez oscura, que irradia una gran luz. Dirigiéndose al indio en su dialecto nativo, el *nahuatl*, le dice:

"*Soy la perfecta siempre Virgen María, Madre del verdaderísimo Dios por quien se vive, el creador de las personas, el Señor del Cielo, el Señor de la Tierra. Mucho quiero, mucho deseo que aquí me levanten mi casa en donde me mostraré, me daré a las gentes en todo mi amor personal, en mi auxilio, en mi salvación (...) Y para realizar lo que pretende mi compasiva mirada misericordiosa, anda al palacio del obispo de México, y le dirás cómo yo te envío, para que descubras cómo mucho deseo que aquí me provea de un santuario, me erija en el llano mi templo...".*

Después de varios intentos, el indio consigue por fin convencer al obispo de México Juan de Zumárraga, al presentarle como prueba la imagen de la Virgen que milagrosamente se había estampado en su ayate, tras su último encuentro con ella. El templo finalmente se construye y la tela se exhibe allí hasta el día de hoy, conservando aún intacta la imagen de la Virgen. La formación y conservación de la imagen es considerada como un hecho inexplicable, incluso por algunos científicos que han estudiado la reliquia. Y a ello hay que añadir que en 1979, José Aste Tonsmann, científico de IBM, tras ampliar y digitalizar los ojos de la Virgen, descubre en su interior varias siluetas ¡hasta trece en total!, entre ellas las del indio Juan Diego y el obispo Zumárraga. ¿Podemos dar credibilidad a estas microscópicas teleplastias que representan figuras humanas, o realmente se tratan de simples manchas en las que podemos encontrar cualquier cosa que vayamos buscando, del mismo modo que si miramos la luna llena, una formación de nubes o restos de humedad en una pared? Sin descalificar su hipotética veracidad, obvia decir que nuestra imaginación está capacitada para

Representación alegórica de Dios pintando la imagen de la Virgen de Guadalupe en el ayate del indio Juan Diego.

ver de todo. Es un fenómeno que se conoce en psicología con el nombre de pareidolia. Precisamente, en estos últimos años, en México, se han visto imágenes de la Virgen de Guadalupe en los sitios más insospechados: en suelos, cortezas de árboles, piedras, chimeneas, botellas de cristal, ventanas, etc. Sólo en 1997, se contabilizaron más de 60 casos. Una auténtica psicosis colectiva...

Es por eso, y a falta de las pruebas pertinentes, que considero imprudente atribuir a un milagro lo que se ha encontrado en los ojos de la *Guadalupana*. ¿Pensó quizás la Virgen que casi cinco siglos más tarde estaríamos ya en condiciones de descubrir el tan recóndito prodigio?... Me parece ridículo. Por

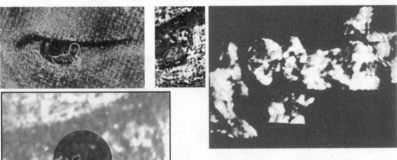

Es muy fácil que entre las manchas de los ojos de la Virgen de Guadalupe podamos imaginar algunas figuras humanas. Es lo que se conoce en psicología como "pareidolia".

otra parte, la supuesta sobrenaturalidad de la imagen de la tilma queda también en entredicho cuando oímos lo que dicen algunos restauradores. José Rol Rosales analizó la imagen en 1982 y bajo su opinión no queda el menor atisbo de duda: *"La imagen está pintada sobre una tela de lino y cáñamo (...) La pintura es la ejecutada usando diversas variantes de la técnica modernamente conocida como temple; una de ellas, la usada en manto y ropaje, fue empleada en el siglo XVI con el nombre de aguazo..."*. Hay quien pone nombre a su autor: el indio Marcos Cipac de Aquino. Una imagen que, dicho sea de paso, ha sufrido un gran deterioro por el paso de los años, siendo retocada, restaurada y hasta repintada en diversas ocasiones.

Lo único evidente de esta historia es ver cómo crece la devoción a la Virgen de Guadalupe, cuya basílica —la mayor de toda Latinoamérica— recibe anualmente la visita de 15 millones de fieles. Los vendedores ambulantes y los comercios hacen su agosto ofreciendo al visitante figuras religiosas, estampas, postales, camisetas, velas... Todos los objetos llevan las imágenes de la *Guadalupana* y del indio Juan Diego. Un negocio sustentado sobre una atractiva leyenda. Hasta el propio ex-abad de la Basílica de Guadalupe, Guillermo Schulenburg, ha reconocido sus serias dudas sobre la existencia de Juan Diego y, por ende, de la aparición de la Virgen. De hecho, no han sido pocas las voces autorizadas que se han opuesto a la canonización del indio, alegando que no hay pruebas de su existencia. *"En vías de canonización, se encuentra más un mito y un símbolo que un ser de carne y hueso"*, asegura Manuel Alimón, profesor de la Universidad Pontificia de México. Pero es difícil luchar contra las creencias del pueblo llano. Así que, como estaba previsto, Juan Pablo II canonizó al beato Juan Diego el 31 de julio de 2002 ante el clamor popular.

La Salette (Francia)

Doce años antes de las célebres apariciones de Lourdes, tuvo lugar un episodio aparicionista en el país galo que también alcanzó un gran eco social. La Salette, localidad alpina cercana a Grenoble, se hizo conocida a raíz de la aparición protagonizada por dos pastorcillos, Melania Calvat y Maximino Giraud, de 15 y 11 años respectivamente. Los hechos ocurrieron el 19 de septiembre de 1846. Encontrándose ambos niños en la colina La Santa Montaña, y mientras sus ganados están pastando, deciden echarse a dormir para reponer fuerzas. Al despertarse Melania, descubre a lo lejos un enorme "globo de luz", muy brillante. Asustada, despierta a su amigo. Ambos observan que el globo luminoso se abre, y deja ver en su interior una bellísima figura resplandeciente y de aspecto femenino. Está sentada, con las manos en el rostro y los codos sobre las rodillas. Su vestido es blanco plateado y sobre su cabeza porta una corona hecha de rosas. Por su semblante, parecía estar muy triste. La propia Melania cuenta así su encuentro: *"Aquella hermosa Señora se levantó, suspendida a diez centímetros, poco más o menos, sobre el suelo; nos acercamos para contemplarla a gusto (...) Parecía tan leve, que se podría mover con un soplo. Quedó, sin embargo, inmóvil, bien sentada. Su fisonomía era majestuosa e imponía un respetuoso temor. Su mirada, dulce y penetrante, nos daba a entender que deseaba atraernos hacia sí".*

Cuando los niños se van acercando tímidamente hacia la aparición, ésta, con lágrimas en sus ojos, se dirige a ellos del siguiente modo: *"Adelantaos, hijos míos, no tengáis temor; estoy aquí para anunciaros una gran noticia (...) Si mi pueblo no quiere someterse, me veré obligada a dejar que el brazo de mi Hijo caiga sobre él. Es ya tan fuerte y tan pesado, que no puedo sostenerlo más. ¡Hace tanto tiempo que estoy sufriendo por vosotros!..."*.

Aparición de la Virgen ante los dos pastorcillos de La Salette.

La "señora", craso error, se comunica con ellos en francés, pero los niños no se enteran de nada. Ellos sólo hablan en *patois*, dialecto del provenzal. *"¡Ah! ¿No entendéis bien el francés, hijos míos? Pues os lo voy a decir de otra manera"*, dice la aparición... Tras repetir lo mismo en la lengua correcta, sigue metiendo miedo a las inocentes criaturas: *"Si tenéis trigo no lo sembréis. Todo lo que sembréis se lo comerán los animales. Lo que se recoja, se convertirá en polvo al golpearlo. Vendrá una gran hambre. Antes que venga el hambre, los niños menores de siete años enfermarán de un temblor y morirán..."*. La señora luminosa continúa anunciando terribles desgracias para Francia, eventos apocalípticos y el nacimiento del Anticristo, entre otras muchas profecías. Asimismo, confía dos mensajes secretos a cada uno de los niños. Tiempo después los escribirían y serían remitidos al Papa Pío IX. El de Maximino nunca se ha llegado a conocer con exactitud, pero sí el de Melania, cuyo contenido supera en extensión y dramatismo al de Fátima. Extraemos algunos párrafos:

"Los sacerdotes, ministros de mi Hijo, por su mala vida, por sus irreverencias y su impiedad al celebrar los santos misterios, por su amor al dinero, a los honores y a los placeres, se han convertido en cloacas de impurezas"

"Dios va a castigar de una manera sin precedentes. ¡Ay de los habitantes de la tierra!. Dios va a derramar su cólera y nadie podrá sustraerse a tantos males juntos"

"El Vicario de mi Hijo tendrá mucho que sufrir, porque por un tiempo la Iglesia será entregada a grandes persecuciones. Esta será la hora de las tinieblas. La Iglesia tendrá una crisis espantosa"

"Los gobernantes civiles tendrán todos un mismo plan, que será abolir y hacer desaparecer todo principio religioso, para dar lugar al materialismo, al ateismo, al espiritismo y a toda clase de vicios"

"Francia, Italia, España e Inglaterra estarán en guerra; la sangre correrá por las calles; en seguida habrá una guerra universal que será espantosa. Los malvados desplegarán toda su malicia; se matará, se asesinará mutuamente aún dentro de las casas"

"¡Ay de los habitantes de la tierra! Habrá guerras sangrientas y hambres, pestes y enfermedades contagiosas; habrá lluvias de un granizo espantoso para los animales; tempestades que arruinarán ciudades; terremotos que engullirán países; se oirán voces en el aire; los hombres llamarán a la muerte y, por otra parte, la muerte será su suplicio. Correrá la sangre por todas partes".

Tras revelar todas estas barbaridades, la Señora —rodeada siempre de una luminosidad que los protagonistas describen como mayor que el sol pero sin ser cegadora— se aleja del lugar flotando y elevándose lentamente, hasta que, de nuevo un "globo luminoso" la envuelve y desaparece en dirección hacia el cielo. Durante todo el tiempo, los perros y las vacas permanecieron inmóviles, como paralizados. ¿Estamos, pues, ante una experiencia sobrenatural o ufológica?... Cuando los niños fueron a hablar con el párroco de La Salette, éste les dijo: *"Es la Santísima Virgen quien se os ha aparecido".* Todo el pueblo está de acuerdo con él. En aquellos tiempos, no cabían otras explicaciones...

Al menos, en este caso aparicionista, algunas predicciones parecen cumplirse —la hambruna que sufriría Francia, la muerte en 1854 de miles de niños por *sudorina*, la pérdida de las cosechas de trigo por una extraña enfermedad...— y eso hace que la Iglesia acoja positivamente las experiencias visionarias que aquel día, y durante dos horas, tuvieron Melania y Maximino. Así, el 19 de septiembre de 1851, Monseñor Filiberto de Bruillard, Obispo de la diócesis de Grenoble, publica una carta pastoral aprobando el culto a Ntra. Sra. de La Salette. En ella podemos leer:

"Considerando la imposibilidad de explicar los hechos si no es por intervención divina (...) Juzgamos que la aparición de la Stma. Virgen a dos pastores el 19 de septiem-

bre de 1846 sobre una montaña de los Alpes en la parroquia de La Salette, arciprestazgo de Corps, presenta todas las características de verdadera, y los fieles tienen fundamento para creerla indudable y cierta".

Un año después de este pronunciamiento eclesiástico, se comienza a construir un santuario. Por esas mismas fechas, el Papa Pío IX concedería indulgencia plenaria a quien asistiera a los sermones dirigidos por los sacerdotes de la Congregación de Misioneros de la Salette. Incluso el Pontífice constituye la

**Los videntes de La Salette: Melania Calvat y Maximino Giraud.
Estatua de la Virgen de La Salette erigida en el lugar de las apariciones.**

Asociación de Ntra. Sra. Reconciliadora de La Salette y propone celebrar misas solemnes en memoria de la aparición todos los 19 de septiembre. Más tarde, el santuario se convierte en basílica y, en 1879, León XIII decreta la coronación canónica de Ntra. Sra. de La Salette. Y es así como hasta aquel inaccesible lugar comienzan a llegar oleadas de fieles que han perdurado hasta el día de hoy...

Un interesante caso con connotaciones ufológicas y parapsicológicas, pero que, dada las circunstancias históricas, la época en que ocurrieron los hechos y el contexto rural donde se desarrollaron, fue convertido en una manifestación de tipo religioso que llegó a obtener el refrendo del Vaticano. Recordemos que el 20 de enero de 1982, Juan Pablo II, refiriéndose a La Salette, apuntó que: *"Estamos en el corazón de las profecías"...*

Ladeira do Pinheiro (Portugal)

A FÁTIMA LE SALIÓ UN COMPETIDOR a las puertas de casa. A tan sólo 30 Km. del célebre y fastuoso santuario mariano, en la pequeña aldea de Ladeira do Pinheiro, la Virgen se manifestó un 18 de febrero de 1962 a María Concepción Mendes Horta, una humilde campesina de 32 años. La figura, rodeada de una potente luminosidad, descendió de los cielos dentro de una nube blanca. Llevaba un manto azul y una corona de estrellas. Luego también tendría visiones de otras entidades celestiales, sobre todo de San Miguel Arcángel...

A partir de entonces, vive impresionantes fenómenos místicos ante la masa de fieles que se congregan en el lugar. Hechos que resultan difíciles de creer. Ya se sabe aquello de que cuando más espectaculares sean los fenómenos, menos posibilidades existen de que sean ciertos. Y es que en Ladeira se habla de sorprendentes lluvias y materializaciones de hostias; comuniones místicas; curaciones extraordinarias; crucifijos que sangran profusamente; levitaciones, bilocaciones y estigmatizaciones protagonizadas por la vidente; signos luminosos en los cielos; voces de coros que surgen de la nada, etc. Si fuesen milagros, se contradicen a sí mismos, al ser tan llamativos y abundantes. Y como fenómenos parapsicológicos, resulta también difícil que se manifiesten con tanta frecuencia y naturalidad. Hay que puntualizar que hablamos más bien de fenómenos parafísicos, que suelen ser menos habituales que los parapsíquicos. Pero sin embargo, hay evidencias gráficas de muchos de esos prodigios...

"La lista de misterios producidos en Ladeira es interminable y María Concepción se ha convertido en un ser legendario en la que todos creen ver la pureza y bondad de una santa", señala el periodista Lorenzo Fernández.

Por eso, desde Fátima, se miraba con recelo los sucesos de Ladeira. Nadie podía poner en juego el monopolio allí creado. Y la jerarquía eclesiástica inició entonces una feroz campaña para desprestigiar el caso. Joaquín Gómez Burón escribió hace unos años una interesante crónica sobre los acontecimientos de Ladeira, destacando el brutal acoso que sufrieron los seguidores de esta aparición:

"El Patriarcado de la Iglesia Católica influyó en el gobierno de Salazar, dando entonces comienzo a una verdadera persecución. La policía cercó la aldea, destruyó algunas chabolas, impidió el acceso a los peregrinos y expulsó de Ladeira a María, quien terminó sentada en el banquillo de los acusados, con todos sus dientes rotos por una pedrada que recibió".

De quien sí recibieron apoyo fue de la Iglesia ortodoxa, después de que uno de sus ministros presenciara ciertos prodigios. Desde entonces, la vidente y su grupo de acólitos pertenecen a dicha confesión cristiana no católica. La verdad es que en este caso no existen intereses lucrativos. María Concepción fundó una comunidad de monjas, Las Freiras, que se dedican al cuidado de niños huérfanos y abandonados. Gracias a la ayuda de algunos seguidores y de lo que obtienen trabajando en el campo y elaborando productos caseros, han podido construir una escuela y un hogar para esos niños desamparados. Muy diferente del camino tomado por las grandes multinacionales aparicionistas.

María Concepción, vidente de Ladeira do Pinheiro (Portugal), con un estigma en forma de cruz en la frente.

En una urna, y a la vista de todo el mundo, María Concepción conserva la melena que se cortó en 1973, cuando cayó el régimen de Salazar. Lo hizo como agradecimiento a la Virgen por haberla ayudado en todos esos años de sufrimiento. Pues bien, la cabellera ha seguido creciendo desde entonces y hoy supera los dos metros y medio...

En los años setenta, se realizaron estudios muy interesantes sobre los éxtasis de María Concepción, determinándose que no se asemejan en nada a las crisis o ausencias prolongadas de naturaleza epiléptica; no presentan la teatralidad, ostentación o exaltación de las crisis neuropáticas, ni los fenómenos de automatismo mental de las psicosis alucinatorias. Por tanto, no se descubrieron indicios psicopatológicos.

Pero llama la atención que esta vidente, a diferencia de la mayoría de casos, no haga alarde de los prodigios que ha vivido. No se siente más especial que nadie ni presume de ser una elegida. María ha seguido humildemente dedicada a sus menesteres en aquel perdido paraje lusitano. Más de un vidente aparicionista, de esos que terminan cegados por sus megalomanías y delirios pseudomísticos, debería tomar buena nota de la vida que ha llevado esta sencilla mujer, al margen de si son o no discutibles sus experiencias visionarias y los fenómenos que allí ocurren. En agosto de 1977, dos psiquiatras

La vidente Maria Concepción recibiendo la "comunión mística" (Ladeira do Pinheiro, Portugal).

franceses, los doctores Mouret y Gardey, pasaron varios días en Ladeira junto a la vidente. En su informe escribieron lo siguiente:

"Hemos podido comprobar en María Concepción una perfecta adaptación a la realidad, buen sentido, concisión y precisión del pensamiento y del juicio, simplicidad sin ingenuidad, dulzura y paciencia, con una actividad enérgica y eficaz, en la paz, alegría, bondad y modestia. En repetidas ocasiones nos hemos visto sorprendidos por su conocimiento inmediato del prójimo. Su servicialidad es constante".

Al menos en Ladeira, sí puede decirse que hay un compromiso sincero hacia los demás. Allí no persiguen ningún otro fin. Algo rarísimo en el mundillo de las apariciones marianas...

Akita (Japón)

Katsuko Sasagawa nació en Niigata (Japón), en 1931. Su juventud fue un tormento a causa de varias enfermedades. A la edad de 25 años, se convierte a la religión católica, influenciada por una enfermera amiga suya. Katsuko sufría una parálisis que, al parecer, desapareció tras beber agua de Lourdes. Se hizo catequista y terminó consagrando su vida a Dios, ingresando en el convento de las *Siervas de la Eucaristía* de Yuzawadai, a escasos kilómetros de Akita. Adoptó el nombre de Sor Inés, y sintió que por fin iba a ser feliz.

Pero el 12 de junio de 1973, un mes después de ingresar en la congregación, y cuando abrió el sagrario para preparar los actos eucarísticos, una luz refulgente le impactó en su rostro dejándola aturdida. Asustada, no contó nada a las restantes hermanas. Al día siguiente, pensando que pudo haber sido una

En la foto puede apreciarse el reguero de sangre que brotó de la imagen de la Virgen (Akita, Japón).

alucinación, vuelve a la capilla y cuando abre el sagrario, de nuevo surge el deslumbrante resplandor. Varios días después, el 28 de junio, se repitió la experiencia aunque en esa ocasión observa también "seres angelicales", incapaz de identificar. Aprovechando que monseñor Shojiro Itô, Obispo de Niigata, se encontraba unos días en el convento, Sor Inés le contó sus visiones. *"Como por ahora es imposible saber con exactitud la naturaleza de los fenómenos que has visto, no hables de ellos con nadie, ni pienses en ellos; y menos te creas superior a las demás. Sigue tu vida normal, esforzándote por ser humilde"*, le recomienda el obispo.

Protagoniza nuevas visiones en días sucesivos. Incluso le aparece en su mano izquierda una llaga sangrante en forma de cruz que le produce un intenso dolor. El 6 de julio, encontrándose de nuevo en la capilla, observa que una estatua de madera de la Virgen que está junto al altar se ilumina, momento en el que Sor Inés oye perfectamente una voz, pese a sufrir también de sordera: *"Hija mía, mi novicia, tú me has obedecido bien dejándolo todo por seguirme. ¿Es penosa la enfermedad de tus oídos? Puedes estar segura que se curarán. Ten paciencia. Es la última prueba. ¿Te duele la herida de la mano? Reza en reparación por los pecados de la humanidad. Reza mucho por el Papa, los obispos y los sacerdotes..."*. Tras el mensaje, Sor Inés descubre que la estatua de la Virgen sangraba en su mano derecha. Las demás monjas dan fe del hecho.

El 27 de julio, se le manifiesta un ángel que le dice: *"Tus sufrimientos se acaban hoy. La sangre derramada por María tiene un profundo significado. Esta sangre preciosa ha sido derramada pidiendo vuestra conversión, pidiendo la paz, en reparación por las ingratitudes y los ultrajes al Señor (...) Di a tu superior que la sangre ha brotado hoy por última vez. Tu dolor también se acaba hoy"*.

La llaga de su mano desapareció y también la que presentaba la estatua. El 3 de agosto recibe otro mensaje de la Virgen que, entre otras cosas, le comunica: *"Para que el mundo conozca su cólera, el Padre Celestial se dispone a mandar un gran castigo a toda la humanidad. Muchas veces he intervenido con mi Hijo para apaciguar la ira del Padre (...) Oración, penitencia y sacrificio animosos pueden suavizar la cólera del Padre"*.

El 13 de octubre de 1973 llega el tercer y último mensaje de la Virgen, en medio de un agradable perfume que parece emanar de la estatua. Sin embargo, el contenido del texto es tremendamente apocalíptico:

"Si los hombres no se arrepienten y no mejoran, el Padre impondrá un terrible castigo a toda la humanidad. Será un castigo más grave que el diluvio, como jamás ha habido otro. Caerá fuego del cielo y aniquilará una gran parte de la humanidad, tanto malos como buenos, no perdonando a fieles ni a sacerdotes. Los supervivientes se encontrarán en tal desolación que envidiarán a los muertos. Las únicas armas que os quedarán entonces será el Rosario. Con el Rosario rogad por el Papa, los obispos y los sacerdotes (...) Sólo yo puedo todavía salvaros de las calamidades que se aproximan. Los que pongan su confianza en mí serán salvados".

La Virgen no ha vuelto a comunicarse con Sor Inés, pero sí el ángel. Además de las locuciones, los presuntos milagros continúan... Así, el 4 de enero de 1975 comienzan las lacrimaciones de la estatua. Hasta el 28 de septiembre de 1981 el fenómeno se repite esporádicamente en 101 ocasiones. Y el ángel explica las razones: *"Tiene un significado la cifra 101: que el pecado ha entrado en el mundo por una mujer y también por una mujer ha venido la salvación al mundo. El primer uno representa a Eva, el segundo a María. El cero que está entre ellos significa Dios eterno, que existe desde siempre y para siempre"*.

En 1976, el Arzobispado de Tokio nombró una comisión de estudio que acabaría negando la sobrenaturalidad de los hechos. Tres años después, monseñor Itô, que defendía los fenómenos protagonizados por Sor Inés, pidió a la *Congregación para la Doctrina de la Fe* que se creara una segunda comisión. Así se hizo y tampoco los resultados, presentados en octubre de

1981, fueron favorables. El obispo no se rindió y dos años después viaja a Roma llevándose consigo un grueso dossier conteniendo todas las experiencias visionarias de la monja, los testimonios tanto de él como de las religiosas que han visto los fenómenos de sanguinación y lacrimación, y los informes de ciertas curaciones milagrosas. En la Santa Sede le prometieron estudiar detenidamente el dossier.

Pero como la respuesta no llegaba, el 22 de abril de 1984 monseñor Itô decide hacer pública una nota pastoral manifestando sus conclusiones personales:

"Después de mucha oración y maduras reflexiones, yo, como obispo de Niigata, he sacado las siguientes conclusiones:

Conforme a las investigaciones hechas hasta este día, no se puede negar el carácter sobrenatural de una serie de fenómenos inexplicables relativos a la estatua de la Virgen que se encuentra en el convento del Instituto de las Siervas de la Eucaristía en Akita.

Por consiguiente autorizo en toda la diócesis que me ha sido confiada, la veneración a la Sta. Madre de Akita, en la espera que la Santa Sede haga público su juicio definitivo".

Hay que decir que la insistencia de Monseñor Itô escondía una poderosa razón. Él fue el fundador del convento de las *Siervas de la Eucaristía*, al que pertenecía Sor Inés. Seguramente estaba muy interesado en que su congregación fuera conocida en todo el mundo gracias a los presuntos milagros de la Virgen. Y también, por el hecho de tener entre sus monjas a una mística que quizás algún día pueda obtener la santidad. ¿Quién sabe?... Tengamos en cuenta las palabras del Padre Urrutia a este respecto: *"A Sor Inés se le estima como persona de gran virtud; quizás como Sor Lucía de Fátima con el tiempo alcance la gloria de ser elevada a los altares".* En Japón, algo así sería toda una novedad. Y, además de la monja, Monseñor Itô también sería recordado para siempre...

Finca Betania (Venezuela)

A UNOS DOCE KILÓMETROS DE CÚA, en el Estado Miranda (Venezuela), se encuentra Finca Betania, una propiedad agrícola de 200 hectáreas y rodeada de frondosas colinas. Allí decidió la Virgen manifestarse un 25 de marzo de 1976, a la vidente María Esperanza Bianchini, que por entonces tenía 47 años de edad, si bien ya desde los cinco años tenía experiencias visionarias. Con tan corta edad se le aparece Santa Teresita del Niño Jesús. Durante la adolescencia sufre varias enfermedades, pero diversas visitas celestiales, entre ellas la del Sagrado Corazón de Jesús, la reconfortan y la preparan para lo que con el tiempo iba a vivir. Ya la Virgen le había avisado de una Tierra Santa, "la Nueva Arca de Salvación", en la zona centro-norte de Venezuela. Lugar de oración y peregrinación desde donde se darían las manos en reconciliación los pueblos y las naciones de la Tierra... Gracias a las indicaciones de la Virgen, la vidente termina por encontrar el sitio que le había anunciado años atrás. Estando allí, observa una mariposa azul junto a una pequeña gruta. Es la confirmación.

En el día de la primera aparición, muchas personas que se hallaban en el lugar manifestaron haber visto una extraña neblina que cubrió la zona y también haber percibido intensos "aromas celestiales" e incluso movimientos erráticos en el Sol. En su mensaje inaugural la Virgen comunica a su elegida:

"Hijita: aquí me tenéis con Mis manos enriquecidas de Gracias y envueltas con los resplandores de Luz, para llamar a todos Mis hijos a la conversión. Ésta es la semilla de Gloria que les ofrezco como María Reconciliadora de los Pueblos, porque vengo a reconciliarles. ¡Reconciliación es la herencia de la Fraternidad Divina de mi Divino Hijo!. Hijita, lleva Mi Mensaje a todos, os guardaré aquí en Mi Corazón desde hoy y para siempre".

A partir de entonces, los supuestos milagros se multiplican en presencia de la vidente. Estigmas, rosas que brotan de su pecho, bilocación, levitación, comuniones místicas, etc. Las noticias se propagan y hacen atraer a miles de personas. Monseñor Juan José Bernal, Obispo de la Diócesis, permite que se celebren allí actos litúrgicos. No estaría acostumbrado a ver esas escenas de piedad popular, y no querría perder la oportunidad de controlar a toda esa fervorosa plebe. Mientras, la Virgen pronostica grandes signos para el año 1984. *"Me sentirán unos, otros me verán conmoviéndose sus corazones. Hijita, ya llega ese Gran Día..."*, anuncia la aparición. Y, casualidad o no, el 25 de marzo de 1984 tiene lugar una visión multitudinaria. Dicen que hasta siete veces se manifestó la Madre de Dios esa tarde, en presencia de todos los que allí estaban. Y como siempre suele ocurrir, nadie se pone de acuerdo en lo que han visto. Unos hablan de la Virgen de Lourdes, otros de la Virgen del Carmen, de la Medalla Milagrosa, de la Virgen del Pilar, etc. Pero optan por interpretar ese lío perceptivo como una señal para comprender que todas las Apariciones marianas nos conducen a la misma Madre de Dios... Por si hubiera alguna duda, la propia aparición, con fecha 14 de enero de 1984, comunica a sus fieles: *"Yo deseo ser conocida bajo la advocación de 'Virgen y Madre reconciliadora de los pueblos"*.

En estas apariciones, incluso algunos sacerdotes son protagonistas de fenómenos extraordinarios, como el Padre Otty Ossa que mientras celebraba una misa en la capilla del santuario, la Sagrada Forma comenzó inesperadamente a sangrar. *"Partí la Hostia en cuatro partes. Cuando miré el platillo, no podía creer lo que veían mis ojos. Vi una mancha roja formándose en la hostia y de ella comenzaba a emanar una sustancia roja... Al día siguiente, observé la hostia y encontré que la sangre era fluida y luego empezó a secarse. Sin embargo, hasta hoy, todavía luce fresca..."*.

La Iglesia, ante tales prodigios, se interesa de verdad por el caso e inicia el proceso para aprobar oficialmente su culto. Monseñor Pío Bello Ricardo, Obispo de los Teques, asume la dirección de la investigación encargándose de recoger los muchos testimonios existentes sobre apariciones y curaciones. Para ello entrevista a 200 protagonistas y estudia 381 declaraciones escritas. Y llega el 21 de noviembre de 1987, una fecha inolvidable para los fieles seguidores de esta aparición mariana. Es cuando el Obispo Pío Bello publica su *Instrucción Pastoral sobre las Apariciones de la Santísima Virgen en Finca Betania*, concluyendo que:

"En consecuencia, después de haber estudiado con empeño las apariciones de la Stma. Virgen María en Finca Betania, y de haber pedido asiduamente al Señor el discernimiento espiritual, declaro que a mi juicio dichas apariciones son auténticas y tienen carácter sobrenatural. Apruebo, por tanto, oficialmente que el sitio donde las mismas han acaecido sea considerado como sagrado, y que el mismo sea tenido como meta de peregrinaciones y como lugar de culto en el que puedan realizarse actos litúrgicos".

Aunque para no pecar de crédulo, puntualiza en dicho informe que *"no intento afirmar que todas y cada una de las apariciones acaecidas en Finca Betania sean auténticamente tales... ha habido casos de simple alucinación..."*. Pero navegar entre dos aguas no suele dar resultado nunca, y eso se observa leyendo la pastoral. *"Los que asisten reciben una fuerte inyección de fe y espiritualidad (...) Personas que no iban a la iglesia lo hacen ahora regularmente"*, escribe el obispo. Está claro que para el clero, más que los presuntos fenómenos místicos lo que tiene importancia es el número de conversiones. Les urgen muchos "fátimas". Y es que el milagro no es más que una simple moneda de cambio.

Y así es como Finca Betania se convierte en la última aparición de la Virgen que la Iglesia aprueba al culto. Venezuela, mientras, sigue dejada a la mano de Dios. Sus problemas deberán resolverlos sus propios ciudadanos. La Virgen, por lo que vemos, tiene otras prioridades más místicas en este valle de lágrimas...

Medjugorje (ex Yugoslavia)

EL 24 DE JUNIO DE 1981 SE APARECE LA VIRGEN EN MEDJUGORJE, un pequeño pueblo croata situado en la región de Bosnia-Herzegovina –antigua Yugoslavia–. Con el tiempo se ha convertido en uno de los enclaves marianos más frecuentado de toda Europa. Tanto es así que es comparado con Lourdes. Ni siquiera la sangrienta guerra civil hizo disminuir el número de peregrinos en los años noventa.

Las protagonistas de la primera aparición fueron dos adolescentes, Ivanka Ivankovic y Mirjana Dragicevic, de 15 y 16 años respectivamente. Esa tarde paseaban por una pedregosa colina cercana al pueblo, cuando de pronto ven flotar en el aire a una resplandeciente y hermosa joven, de unos 20 años, vestida de gris y cuyo rostro irradia mucha dulzura. *"¡Es la Virgen!"*, exclaman. Asustadas salen corriendo a sus casas. Al rato, vuelven al monte acompañadas de Vicka Ivankovic, de 16 años, Ivan Ivankovic, de 20, Milka Pavlovic, de 13, e Ivan Dragicevic, de 16. Todos ven la "aparición" y regresan al pueblo contando el insólito encuentro. Al día siguiente los seis vuelven al mismo lugar, al monte Podbrdo, y nuevamente son agraciados con la "visión celestial". Y así durante una semana ininterrumpida. Luego regularmente. Algunos de los jóvenes, sin embargo, deciden olvidarse del asunto. Otros nuevos se incorporan al grupo, quedando finalmente establecido así: Ivanka,

Imagen de la Virgen de Medjugorje, como Reina de la Paz.

Mirjana, Vicka, Ivan D., María Pavlovic, de 16 años, y Jakov Colo, el más pequeños de todos, de sólo 10 años.

La gente de las aldeas más cercanas comienzan a subir a la colina de las apariciones, formándose muy pronto enormes aglomeraciones. Los jóvenes caen simultáneamente de rodillas siempre que la Señora hace acto de presencia. Sus miradas convergen hacia un mismo punto y sonríen felices. *"¿Quién eres tú?"*, le preguntan. *"Yo soy la bienaventurada Virgen María"*, responde la aparición. *"Quiero estar con vosotros para convertir y reconciliar el mundo entero. Paz, paz, paz. Es preciso que los hombres se reconcilien con Dios y entre sí. Para esto es necesario creer, orar, ayunar, confesarse. Id en la paz de Dios"*.

La policía cita a los jóvenes para someterles a un interrogatorio. También tuvieron que pasar por un examen psiquiátrico llevado a cabo por el doctor Ante Vujevic. No muestran ningún signo de enfermedad mental y gozan de buena salud. Pero las autoridades comunistas prosiguieron vigilando a los jóvenes a los que prohíben subir al monte. La prensa marxista habla incluso de insurrección popular: *"Es absolutamente necesario saber establecer la diferencia entre la actividad religiosa y la actividad subversiva (...) Y no es casual que esta manifestación de Nuestra Señora se haya organizado en vísperas del aniversario de la revolución de nuestros pueblos"*. Sin embargo, las apariciones prosiguen en otros sitios, sobre todo en la casa parroquial, contando los videntes con el apoyo del párroco franciscano Jozo Zovko, que sería condenado a tres años y medio de prisión, acusado de fomentar las apariciones. Hay quien dice que en la cárcel se le apareció la Virgen...

Pero al lugar continuaron llegando miles de feligreses, muchos procedentes del extranjero. El gobierno, pese a su declarado ateísmo, se frota las manos y decide entonces dejar que las apariciones continúen. Aquella historia estaba reportando a sus arcas una inesperada entrada de dinero. Y había mucha deuda externa como para desaprovechar la ocasión. Así que por la zona se construyeron hoteles, carreteras, espacios públicos, etc. Unos 20 millones de turistas-peregrinos han visitado Medjugorje en los últimos años. El sacerdote jesuita José Luis Urrutia, respecto al cambio de actitud de las autoridades comunistas, comenta: *"Convencidas que las apariciones no suponían ninguna rebelión contra ellas, y convencidas sobre todo, en la penuria nacional, que sí suponían una importante fuente de divisas, en 1987 cambiaron de actitud: devolvieron a la parroquia la casa y el terreno contiguo que hacía cuarenta años se lo habían qui-*

tado, arreglaron la plaza delante de la iglesia, retiraron a otros lugares los puestos de venta, según se había pedido; en el centro de la plaza se colocó una bellísima estatua de la Virgen; en contra de sus leyes, permiten el viacrucis y reuniones fuera de la iglesia, en la colina; han construido albergues, servicios para los peregrinos, ambulatorio, etc.".

Desde el principio, se comienza a hablar de fenómenos extraordinarios, así como de curaciones sorprendentes, como la protagonizada por Daniel

La vidente Mirjana Dragicevic en éxtasis (Medjugorje, ex Yugoslavia).

Sctka, un niño de tres años que era paralítico. Los videntes piden a la Virgen que le cure y poco a poco comienza a andar. En los primeros cinco años se contabilizaron 296 curaciones de todo tipo –ceguera, hemiplejía, tumor, artritis, esclerosis, etc.–.

Los videntes aseguran haber recibido diez mensajes secretos y, aunque no han revelado su contenido, dicen que son serias advertencias a la humanidad y anuncios de catástrofes. También hablan de una gran señal divina para la conversión de los ateos. Nada que no se haya dicho antes. El Obispo de la diócesis de Mostar, Pavao Zanic, defendió en un principio las apariciones aunque más tarde se convirtió en un feroz enemigo, enfrentándose a los franciscanos que estaban al lado de los videntes. Las apariciones provocaron una gran lucha en el seno de la Iglesia yugoslava. *"Yo soy la Reina de la Paz"*, dijo la Virgen. Pero por lo que vemos, ha traído desgraciadamente muy poca a la ex Yugoslavia...

Al principio, los videntes tienen sus encuentros con la Virgen de forma regular, incluso diariamente. A partir de 1984, los jueves de cada semana. Y desde 1987, solo los días 25 de cada mes. Los mensajes son muy repetitivos, banales y breves. Insisten en la paz, en la oración, en el ayuno y en la penitencia. *"Habéis olvidado que con el ayuno y la oración podéis incluso alejar la guerra y suspender las leyes naturales"* (2 de julio de 1982); *"Si oráis más y ayunáis más con una fe firme, el buen Dios da más gracias"* (18 de agosto de 1982); *"Si oráis y ayunáis, todo lo que pidáis lo obtendréis"* (29 de octubre de 1983). Y los videntes, frailes y feligreses han seguido al pie de la letra los mensajes. Ni en la colina ni en la parroquia han faltado las oraciones. Y muchos de ellos han practicado el ayuno. La Virgen se alegra por ello: *"Os agradezco todas vuestras oraciones. Agradezco especialmente a los jóvenes los sacrificios que me han ofrecido"* (5 de septiembre de 1985). Pero su agradecimiento ha quedado sólo en palabras. ¿Por qué no evitó la guerra y la limpieza étnica que han azotado Yugoslavia hace unos años? ¿Dónde ha estado esa paz que tanto ha proclamado? ¿De qué han servido entonces tanta oración y ayuno?...

Medjugorje es un caso que cae en profundas contradicciones, empezando por los mensajes. El hecho de que se hayan podido estudiar los éxtasis de los videntes, comprobándose su veracidad, no significa que todo lo demás sea cierto o merezca nuestra confianza. En los mensajes hay tremendos errores teológicos, y además, durante los supuestos encuentros celestiales a veces ocurren episodios realmente ridículos... En 1981, Jakov preguntó a la Virgen si el *Dínamo*, equipo de fútbol de Zagreb, ganaría el título. Otras veces, los jóvenes se despiden de la *Reina de la Paz* estrechándole la mano, como si fuese un amigo. O se besan con ella. En ocasiones, la Virgen ríe a carcajadas con los videntes. Una vez le pisaron el velo y desapareció enfadada... Asimismo, esas supuestas curaciones que antes mencioné, deben ponerse muy en entredicho. Medio centenar de ellas fueron estudiadas por el *Bureau Medical* de Lourdes, presidido por el doctor Mangiapan, y fueron rechazadas inmediatamente por su escasa fiabilidad.

La Conferencia Episcopal Yugoslava declaró el 10 de abril de 1991, tras haber puesto en marcha una comisión de estudio, que no hay elementos de juicio para asegurar que en Medjugorje hay auténticas manifestaciones celestiales: *"En base a las investigaciones realizadas hasta ahora, no se puede afirmar que se trate de apariciones y revelaciones sobrenaturales"*.

Monseñor Zanic tuvo palabras más duras unos años antes: *"Es una falsedad que la Virgen está apareciendo en Medjugorje. Esto, como todo fraude o crimen, va contra la verdad. Es una situación trágica (...) No ha habido un solo milagro. Ha habido muchas fotografías falsificadas. Grandes sumas de dinero se están amontonando (...) Yo estoy completamente seguro de que todo acerca de las apariciones es una mentira, un fraude, y una falsedad, y no puedo hablar contra mi conciencia; antes preferiría morir"*.

La *Congregación para la Doctrina de la Fe*, por su parte, prohibió que se organicen peregrinaciones oficiales, tal y como recuerda su secretario Tarcisio Bertone en carta fechada el 23 de marzo de 1996. Pero los frailes franciscanos siguen obedientes a las palabras de la *Gospa* —Nuestra Señora, en lengua croata— y desobedientes a Roma. Hay serios enfrentamientos, con insultos incluidos, entre los franciscanos y el obispado de Mostar. Hoy, en Medjugorje, más que la paz —tan anunciada por la Virgen— lo que reina es el caos. Ya no es lo que un día presumió de ser. *"Hay muchos desórdenes. Hay padres franciscanos sin misión canónica, comunidades religiosas instaladas sin el permiso del Ordinario diocesano, construcciones de lugares de culto efectuados sin la aprobación de la autoridad*

Los videntes de Medjugorje tienen los éxtasis al unísono y ha sido estudiados por varios comités de médicos y parapsicólogos.

eclesiástica, propagación de peregrinajes oficiales en las parroquias, etc. Medjugorje, entendido como lugar de presuntas apariciones, ya no sirve para promover la paz y la unidad, sino que crea la confusión y la división, y no solamente en la Iglesia", declaró en 1997 Monseñor Ratko Peric, actual Obispo de Mostar. Para este prelado, este caso no tiene la menor credibilidad: *"Mi convicción y mi postura es no sólo 'no constat de supernaturalitate', sino igualmente 'constat de non supernaturalitate' de las apariciones o revelaciones en Medjugorje"*.

Aún así, la colina de las apariciones sigue recibiendo la visita de millares de peregrinos. En el boletín *Eco de Medjugorje*, que me envían mensualmente, se dice que *"eran más de 100.000 los fieles que fueron a Medjugorje con ocasión del 21º aniversario"* (E.d.M., nº 164, julio-agosto 2002). En el mismo ejemplar, el Padre Zovko hace una llamada a los fieles: *"La Virgen sigue llamándonos a la oración, sobre todo en familia, porque hoy las tinieblas y la noche se han instalado en nuestras casas"*. Y eso es lo que hacen: rezar, rezar y rezar...

En Medjugorje, actualmente los intereses económicos han sobrepasado con creces los intereses espirituales. Es un caso que se ha mediatizado excesivamente. El Padre Laurentin, a través de sus artículos y libros, se ha encargado de expandir por todo el mundo la escasa semilla que ha dado Medjugorje. Alguien dijo aquello de: *"Por sus frutos los conoceréis"*. Y los frutos de Medjugorje, después de 20 años, no se han visto por ningún sitio, aunque muchos mariólatras digan lo contrario...

San Nicolás de los Arroyos (Argentina)

25 DE SEPTIEMBRE DE 1983. La Virgen "aterriza" ese día en San Nicolás de los Arroyos, a unos 200 Km. de Buenos Aires. La elegida es Gladys Herminia Quiroga de Motta, una mujer de 46 años que hasta entonces su única conexión con lo "divino" habían sido sus rezos. Aunque gracias a éstos, asegura haber salvado su vida tras pasar por una delicada operación quirúrgica en 1976.

Estando el mencionado día en casa, observa atónita como se iluminan los rosarios que tenía colgados en la pared. Poco después se le aparece la Virgen rodeada de un extraordinario resplandor y llevando en sus brazos al Niño Jesús. Durante varias jornadas siguió teniendo las mismas visiones. Decidió contárselo sólo a su párroco, el padre Carlos Pérez, quien le aconseja rezar. *"Si son cosas de Dios, será para bien de todos"*, le dice.

El 15 de octubre, la Virgen se presenta bajo la advocación de Nuestra Señora del Rosario y le comunica a la vidente: *"Soy la patrona de esta región. Haz valer mis derechos. Quiero quedarme cerca de ti..."*. A partir de entonces, los mensajes se hacen más continuos. *"Quiero estar en la ribera del Paraná"*, dice la Virgen. Y pide, como ya es habitual, la construcción de una capilla en su nombre. El párroco permite que se cumpla el deseo de Nuestra Señora y en una zona conocida como El Campito, junto al río, será donde se levante el santuario, después de que la vidente lo confirmara tras observar un intenso rayo de luz que cayó del cielo sobre el lugar exacto. Las obras se inician en septiembre de 1986, gracias a que las autoridades municipales donaron la zona a los fieles aparicionistas.

Pero la Virgen sigue pidiendo cosas... El 2 de diciembre de 1984 da el siguiente mensaje: *"Debéis hacer acuñar una medalla con mi advocación de María del Rosario de San Nicolás, y en el reverso, la Santísima Trinidad con siete estrellas"*. Según la aparición, las siete estrellas son siete gracias que Jesús dará a todo el que lleve la medalla sobre el pecho. En un mensaje posterior, la Virgen solicita algo más: *"Hija mía: Encárgate de que se haga un Escapulario. Que sea de color blanco, ya que el blanco es el símbolo de la pureza. Mi imagen llevará los colores celeste y rosado. Este Escapulario deberá ser destinado a los enfermos del cuerpo y del alma. Este pedido apremia"*.

La vidente comenzaría pronto a sufrir estigmas. Aunque en realidad no fueron sangrantes sino inflamaciones de la piel que le producen mucho dolor. Como nota curiosa, en este caso las marcas afloran en las muñecas, y no en la palma de las manos. Estos fenómenos, más los rumores sobre curaciones extraordinarias y la amplia lista de mensajes recibidos por Gladys —se han difundido casi dos mil—, atrajeron a un aluvión de fieles. Y también el respaldo del clero... El padre Carlos Pérez, que se convirtió en director espiritual de la vidente, declaró: *"Quiero dejar constancia de que me siento profundamente convencido de la autenticidad de este hecho, como consecuencia de todo lo que me tocó vivir como receptáculo de las vivencias de la Sra. de Motta"*.

Pocas veces en materia aparicionista, se ha visto una acogida eclesiástica en tan poco tiempo, y máxime careciendo de una investigación rigurosa. ¿Razones?... Tal vez la región necesitaba un impulso espiritual o un alivio a sus problemas. Y la presunta aparición se ofrecía como el mejor bálsamo. La Iglesia sólo actuó como más le interesaba: controlando a los miles de fieles y coordinando el movimiento mariano que se estaba gestando. Las palabras del Obispo de San Nicolás, Monseñor Domingo Salvador Castagna, lo dicen todo:

"Creo firmemente que ésto es un acontecimiento de la Virgen (...) No puedo decir más de lo que la Iglesia dice. La Iglesia pone entre paréntesis todo esto. No lo rechaza ni tampoco define que es verdad, sino, simplemente, dice: 'Miren, puede ser verdad; por lo tanto, lo tomamos respetuosamente' y no hay ningún elemento que diga que no es verdad, al contrario, los elementos existentes son positivos (...) Entonces yo digo lo mismo. Evidentemente ésta es una manifestación promovida por Dios a través de la Virgen".

El mariólogo René Laurentin celebra la actitud del obispo argentino. *"Desde el punto de vista pastoral, monseñor Castagna ha dado un hermoso ejemplo. Cuando es tan frecuente que las apariciones sean mal acogidas y hasta marginadas —lo que genera múltiples riesgos de divisiones, desviaciones y confusión—, el obispo de San Nicolás ha sabido canalizar de manera fecunda la gracia concedida a su diócesis y a las diócesis colindantes"*.

Pero el Vaticano por el momento calla y observa. Y en cuanto a la Virgen que supuestamente se viene apareciendo en San Nicolás de los Arroyos, ¿qué ha hecho para evitar la profunda crisis que actualmente está atravesando Argentina? ¿Hace algo por los cuatro millones de niños argentinos que viven en la pobreza?... Suponemos que nada. Ya sabemos que los "milagros aparicionistas" tienen marcados otros objetivos. Y allí, en El Campito, también "bailó" el Sol...

**La Basílica de El Campito,
San Nicolás de los Arroyos (Argentina),
atrae a multitudes ávidas de
apariciones y milagros.**

CAPÍTULO 10

Fátima y el tercer secreto

"*La Iglesia ha intentado siempre manipular la verdad, transformándola a su conveniencia para ocultar evidencias históricas mediante versiones de la realidad que llegaban a alcanzar categoría de auténticos dislates (...) Ha proclamado como hechos milagrosos puros atentados a la dignidad humana*"

JUAN GARCÍA ATIENZA, historiador

Fátima es el caso aparicionista con más glamour y el más conocido a nivel mundial. Una historia con tremendas implicaciones religiosas, sociológicas e incluso políticas. Además, su lado fenomenológico contiene elementos físicos –o parafísicos– muy significativos. Ya hemos tenido ocasión de comentar lo ocurrido en Cova de Iría el 13 de octubre de 1917 con la observación de lo que podíamos definir como un OVNI. Asimismo, el caso Fátima ha sido imitado hasta la saciedad por muchas otras apariciones. El día 13, el mes de mayo, la danza solar, las revelaciones secretas, los mensajes anticomunistas, etc. son elementos que proceden del caso Fátima y que se han venido repitiendo durante el siglo XX en otros muchos sucesos aparicionistas. Sin embargo, Fátima es el incidente más manipulado en el mundillo de las apariciones marianas. La Iglesia tiene demasiadas cosas que decir al respecto. Además, hay mucho que hablar sobre el célebre "Tercer Secreto" y también sobre el contenido de los mensajes recibidos por Lucía. Encontramos en todo ello numerosos puntos oscuros que intentaremos esclarecer...

Encuentros en Cova de Iría

"... Vimos sobre una encina una señora vestida de blanco, más brillante que el Sol, esparciendo una luz muy clara e intensa". Era el 13 de mayo de 1917 cuando Lucía dos Santos, de 10 años, y sus primos Francisco y Jacinta Marto, de 9 y 7 respectivamente, observaron la primera aparición de la Virgen, mientras estaban con su ganado en Cova de Iría, un valle próximo a Fátima. Ya el año anterior, los *pastorinhos* tuvieron allí mismo otros encuentros visuales con un "ser de luz". Pero es ahora cuando la aparición se comunica con uno de ellos: *"No tengáis miedo. No os haré daño"*. ¿De dónde es usted?, pregunta Lucía. *"Soy del cielo. He venido para pediros que vengáis aquí seis meses seguidos el día 13 a esta misma hora. Después diré quién soy y lo que quiero..."*.

Al mes siguiente se congregaron numerosas personas en el lugar y la "señora luminosa" volvió a manifestarse. Según cuenta Lucía, la Virgen le comunica que Francisco y Jacinta subirían muy pronto al cielo. *"Tú te quedas aquí algún tiempo más. Jesús quiere servirse de ti para darme a conocer y amar"*. El 13 de julio, la aparición se manifiesta después de algunas insólitas manifestaciones luminosas en el cielo. Ante 4.000 personas, Lucía pide que hiciera algún milagro para que la gente pudiese creer. *"En octubre diré quién soy y lo que quie-*

ro, y haré un milagro que todos han de ver para que crean". La Virgen, en esta ocasión, le hace entrega de un mensaje secreto dividido en tres partes...

El 13 de agosto, el administrador del distrito de Vila Nova Ourem, Arturo D'Oliveira Santos, decide encerrar a los tres jóvenes pastores en el calabozo municipal. Aquello estaba tomando una desbordada repercusión social y la prensa portuguesa acusó al clero de estar detrás del supuesto montaje. El administrador llegó incluso a amenazar de muerte a los niños. *"Seréis achicharrados vivos en una caldera de aceite hirviendo"*, les dijo mientras les sometía a intensos interrogatorios para que confesasen la verdad y les revelara el secreto. Los tres juraron por separado que habían tenido esas visiones y que nunca dirían el secreto. D'Oliveira no consigue sus objetivos y no tiene más remedio que dejar libre a los pequeños videntes. Ese día no hubo aparición, pero la muchedumbre que se encontraba en Cova de Iría declararon haber visto extrañas nubes luminosas sobre la encina y oír algunas misteriosas explosiones. Sin embargo, el 19 de agosto, estando los tres pastorcillos con sus ovejas en un lugar conocido como Valinhos, volvieron a ver a la señora de luz que les recordó la promesa del milagro para el 13 de octubre.

El 13 de septiembre, las 30.000 almas que asistieron al valle portugués fueron testigos de *"un extraño globo extraordinariamente luminoso"* que se acercaba a la encina, desaparecía, volvía a aparecer, hasta que finalmente se alejó en la misma dirección por la que vino.

Llegado el esperado día, en Cova de Iría se reunie-

Jacinta, Francisco y Lucía, los tres niños videntes de Fátima.

ron unas 70.000 personas. Era mediodía y llovía torrencialmente. Pero los niños estaban absortos mirando hacia la encina. Finalmente la "entidad celestial" hizo su aparición y habló a Lucía: *"Quiero decirte que hagan aquí una capilla en honor mío. Soy la Señora del Rosario. Que continúen rezando el Rosario todos los días. La guerra está acabándose y los soldados volverán pronto a sus casas"*. Después de desaparecer, la lluvia cesó repentinamente, y Lucía exclamó: *"¡Mirad el Sol!"*...

Ya hemos contado lo que pasó aquel 13 de octubre en el apartado dedicado a las apariciones y los OVNIs. Únicamente añadir que entre los testigos no sólo se encontraban personas creyentes y representantes del clero. Asistieron periodistas, reporteros gráficos, médicos, autoridades civiles e individuos que se acercaron con la intención de ridiculizar y desmontar el tinglado. Y todos

Miles de fieles se dieron cita el 13 de octubre de 1917 en la explanada de Cova de Iría para presenciar el milagro anunciado por la Virgen.

fueron testigos del asombroso fenómeno que duró doce minutos. Entre ellos, Avelino de Almeida, editor del diario *O seculo* y Joseph Garrett, profesor de Ciencias de la Universidad de Coimbra. La prensa del día siguiente informó del insólito fenómeno con grandes titulares. No podemos hablar aquí de sugestión colectiva. Hubo testigos del enigmático globo luminoso a kilómetros de distancia de Cova de Iría. Aún siendo crítico con el tema aparicionista, he de reconocer que aquel día, sobre Fátima, ocurrió un hecho inexplicable que por su naturaleza podemos interpretarlo desde un punto de vista ufológico. Según Hilary Evans, *"incuestionablemente, en Fátima ocurrió algo que exige una explicación en términos que superan a la ciencia convencional"*.

La Iglesia se apropia del caso

A PARTIR DE LOS SUCESOS OCURRIDOS aquel octubre de 1917 en Cova de Iría, y viendo el fervor popular que se estaba desatando, las autoridades eclesiásticas se hacen cargo inmediatamente del asunto, maquillándolo y difundiéndolo como un extraordinario acontecimiento sobrenatural. Aquello no podía ser interpretado de otro modo. En aquellas fechas, el gobierno portugués era republicano y, por tanto, enemigo del clero. Había una profunda crisis social. Europa estaba en guerra y muchos soldados portugueses se hallaban en el frente. El pueblo necesitaba una ayuda celestial. *"La figura de la Virgen María muy bien puede ser un arquetipo proyectado por los mismos niños o por el pueblo portugués en conjunto, como respuesta al insoportable caos nacional"*, afirma Scott Rogo. Lo cierto es que la jerarquía eclesiástica lusitana se benefició del caso Fátima y, una vez derrocada la República y con Salazar al frente de un régimen ultraconservador tras su golpe militar, las apariciones protagonizadas por los tres niños se utilizaron como propaganda ultracatólica y anticomunista. En su apoyo, surgirían fatimólatras como Paul Ellis, quien en su obra *Fátima ¿1960?* escribe cosas como: *"A medida que crece el peligro ruso y se nos avecina la hecatombe, Fátima adquiere más importancia y mayor actualidad. Es el alfa y el omega del comunismo bolchevique (...) Fátima no fue sólo un milagro. Es un llamamiento"*. Ante esa expansiva devoción, el 13 de octubre de 1930, la Iglesia otorga permiso oficial para el culto a Nuestra Señora de Fátima.

En las memorias escritas por Lucía, años después de tomar los hábitos en Tuy (Pontevedra), están redactados los mensajes que le reveló la Virgen. Se aprecia en ellos contenidos de índole político, aludiendo a la conversión de Rusia, al fin del comunismo, etc: *"Vendré a pedir la consagración de Rusia a mi Inmaculado Corazón y la comunión reparadora de los primeros sábados. Si atendieren mis deseos, Rusia se convertirá y habrá paz; si no, esparcirá sus errores por el mundo, promoviendo guerras y persecuciones de la Iglesia..."*. La carga religiosa y política que desprenden sus escritos –con esa enfermiza obsesión anticomunista–, elaborados dos décadas después de los hechos, nos hace sospechar que la vidente siempre estuvo muy bien asesorada por sus superiores e incluso por la Santa Sede. *"La hermana Lucía casi no sabía leer ni escribir, por lo que las memorias que fueron publicadas en un libro y que le son atribuidas, probablemente no son de ella. Hay allí una 'mano' especial..."*, afirma el sacerdote antifatimista Mario de Oliveira durante una interesante entrevista realizada por el investigador Carlos G. Fernández.

Más que un instrumento de Dios, Sor María Lucía de Jesús y del Corazón Inmaculado —ese es su nombre religioso tras ingresar en el *Convento del Carmelo de Coimbra*— ha sido un instrumento de la Iglesia. Sus escritos sobre las visiones y mensajes siempre fueron supervisados por el clero y ajustados a la doctrina católica. De ello se encargarían sus confesores, dos sacerdotes jesuitas.

Los mensajes con alusiones a Rusia no fueron revelados en Cova de Iría, sino años después, por tanto no pueden considerarse proféticos. Los especialistas apuntan a que los niños nunca hablaron de Rusia en sus primeras declaraciones, como las recogidas por el entonces párroco de Fátima Manuel Marques Ferreira y otros cinco sacerdotes más, amén de que cuando Lucía dice haber tenido dichas revelaciones todavía faltaban casi cuatro meses para que se implantara el comunismo en Rusia —7 de noviembre en nuestro calendario—. Otra cosa que conviene aclarar es que algunos vaticinios no se conocieron hasta después de su cumplimiento. *"Se ha afirmado que la Virgen anunció en 1917 la Segunda Guerra Mundial. El problema es que los hechos ya habían tenido lugar cuando se conoció la profecía, por lo que sólo contamos con la buena memoria de Lucía para considerarla como tal"*,

Dibujo de la "entidad luminosa" observada en Cova de Iría, siguiendo las descripciones originales de los niños videntes.

puntualiza el periodista Enrique de Vicente. No olvidemos tampoco que Lucía siguió teniendo frecuentes visiones entre 1923 y 1929 y luego esporádicamente hasta los años ochenta, que nosotros sepamos. Aunque, como bien señala el ya aludido Padre de Oliveira, autor del polémico libro *Fátima nunca más* —donde hace una feroz crítica al papel que ha jugado la Iglesia en esta historia—, *"Lucía ha sido condenada a vivir en estado de demencia y delirio, con visiones y apariciones a todas horas".*

La verdad es que no creemos que la Virgen, en caso de manifestarse en nuestro mundo, entrase a discutir cuestiones políticas. El problema radica en que se ponen en su boca muchas palabras que jamás pronunciaría. Pero es así como mejor se manipula a los creyentes. Y por eso Fátima es hoy lo que es, una fecunda sucursal del Vaticano. *"La devoción mariana que se manifiesta en Fátima está íntimamente ligada a la vida eclesial, a la fe de la Iglesia, a la fidelidad al magisterio y a la vida sacramental de la Iglesia"*, sostiene el Padre Jesús Castellano Cervera, consultor de la *Congregación para la Doctrina de la Fe*. Así pues, lo que la Iglesia nos ha querido vender sobre Fátima es pura invención...

Un secreto secretísimo

Según la propia Lucía, las dos primeras partes del secreto que la Virgen le reveló el 13 de julio de 1917, hablaban del infierno para los pecadores, el anuncio de la Segunda Guerra Mundial y la conversión de Rusia —recuerdo que cuando a finales de 1989 cayó el comunismo en la Europa del Este, Lucía escribió una carta manifestando que *"es una acción de Dios en el mundo para librarlo del peligro de una guerra atómica que podría destruirlo"*—. La tercera parte del secreto, conocido popularmente como el *Tercer Secreto de Fátima* permanecería oculto por mucho tiempo...

En 1943, Lucía se encuentra gravemente enferma de pleuresía. Temiendo por su vida, decide escribir el texto el 3 de enero de 1944 y remitirlo en un sobre lacrado a José Cordeira de Silva, obispo de Leiría. Catorce años más tarde, el sobre es enviado al Vaticano. Su contenido debería hacerse público en 1960, según palabras de Lucía, pero no fue así. El Papa Juan XXIII tras leerlo exclamó: *"No quiero ser profeta de calamidades"*. Sin embargo, en octubre de 1963 el periódico ultraconservador alemán *Das Neues Europa* publica en sus páginas el presunto *Tercer Secreto*. Supuestamente, fue filtrado a la prensa por una indiscreción diplomática, tras ser enviado por Pablo VI a las autoridades políticas de Washington, Londres y Moscú, que se habían reunido para tratar el control de las pruebas nucleares. Dicho texto aludía a terribles castigos y catástrofes para el final del siglo XX. De todas formas, y aunque nunca fue desmentido por el Vaticano, siempre se consideró una versión apócrifa. Únicamente fue defendido a ultranza por grupos milenaristas, sectas contactistas y movimientos extremistas marianos. Así que el auténtico texto siguió celosamente custodiado por la curia vaticana hasta la llegada de Juan Pablo II, cuyo papado se ve involucrado en el "caso Fátima" a raíz de un lamentable suceso que le marca de por vida. Nos referimos al atentado que sufrió en la Plaza de San Pedro el 13 de mayo de 1981 —festividad de Fátima—, a manos del extremista turco Mehmet Alí Agca, miembro de la organización terrorista *Lobos Grises* y autor del asesinato del periodista Abdi Ipekci. El pontífice afortunadamente pudo salvar su vida, y durante el juicio, Alí Agca hizo un comentario que dio la vuelta al mundo: *"El atentado contra el Papa está vinculado con el secreto de Fátima. Os anuncio el fin del mundo en esta generación..."*. Se comenzó a sospechar que tras el frustrado crimen podía estar la mano de los servicios secretos búlgaros actuando bajo las órdenes del KGB soviético, interesado en eliminar a una figura muy molesta para los países comunistas. Sin embargo, hay quien dice que esta teoría no tiene fundamento y que fue inspirada por la CIA para desacreditar a la URSS. Lo cierto es que el propio Alí Agca, al día siguiente de la beatificación de los pastorcillos, confesó a su abogada Marina Magistrelli que se sentía como un instrumento inconsciente de un plan misterioso: *"He sido sólo el ejecutor de una profecía"* —un mes después el terrorista turco sería indultado por el gobierno italiano—. Él mismo ha llegado a acusar a la Santa Sede de haber organizado el atentado. A su vez, el *Mossad* —los servicios secretos israelíes— informaba al Papa que el ayatolá Jomeini fue quien realmente ordenó el atentado. ¿Quién está entonces detrás de esta oscura trama? Este sí que es el gran secreto...

Juan Pablo II, tras el atentado, da gracias a la Virgen de Fátima por desviar las balas de su agresor, una de las cuales sería colocada dos años después en la corona de la imagen que se encuentra en el santuario portugués. Estando aún convaleciente en el hospital, el Papa decide leer el *Tercer Secreto de Fátima*. El por entonces sustituto de la Secretaría de Estado, Monseñor Eduardo

Martínez Somalo, le lleva dos sobres, uno con el texto original y otro con la traducción al italiano. Eso ocurría el 18 de julio de 1981. A partir de ese momento, el famoso *Tercer Secreto*, que había estado un tanto olvidado, vuelve a ocupar las páginas de periódicos, revistas y publicaciones especializadas en temas religiosos y esotéricos. Se editan libros sobre la cuestión, y algunos expertos salen al paso para intentar esclarecer si su contenido anuncia el fin del mundo, la desaparición de la Iglesia o una próxima tercera guerra mundial... Dentro de la propia Iglesia hay opiniones para todos los gustos. El cardenal Joseph Ratzinger, que conocía su contenido, manifestó en su día que *"el tercer secreto de Fátima no revela ninguna tragedia futura para la Humanidad"*. A pocos convence, pues no se entiende el silencio que ha mantenido el Vaticano ni las palabras pronunciadas por Juan XXIII. Sin embargo, el cardenal Corrado Balducci declaró en las navidades de 1995 que el secreto de Fátima se refiere a un holocausto nuclear. Dos años después, y para complicar las cosas,

**Imagen de la Virgen de Fátima
adoptada por la Iglesia católica,
muy alejada de lo que realmente vieron
los pastorcillos.**

la revista portuguesa *Visao* especulaba que su contenido apunta a la pérdida de las colonias portuguesas. Tendríamos que aguardar hasta mayo de 2000 para conocer qué escondía de verdad el *Tercer Secreto de Fátima*...

¿Se ha cumplido la profecía?

Ese especial sentir de Karol Wojtyla hacia la Virgen de Fátima culminaría el 13 de mayo de 2000 cuando procedió a beatificar a los videntes Francisco y Jacinta Marto –los beatos más jóvenes del santoral católico–, después de que el Vaticano proclamase como milagro una presunta curación atribuida a Jacinta y protagonizada por María Emilia Santos, quien padecía una parálisis. El Papa no quería despedirse de esta vida sin elevar a los altares a los dos pastorcillos. Todo un regalo para el santuario mariano que el mundo católico ha convertido en tabla de salvación espiritual –y en rentable negocio turístico–. Así que ese día nos sentamos frente al televisor para seguir en directo todo la multitudinaria ceremonia que iba a celebrarse junto al santuario de Fátima. Al acto asistieron alrededor de 600.000 peregrinos. Y como es natural, allí estuvo presente Sor Lucía –que atrajo las miradas de fieles y periodistas, ya que como monja de clausura vive apartada del mundo–, muy atenta en todo momento a las palabras del Sumo Pontífice, con quien ya se había reunido en privado pocas horas antes.

"El Papa puede revelarlo si quiere, pero yo le aconsejo que no lo revele. Si él decide hacerlo, le aconsejo que tenga mucha prudencia", manifestó Sor Lucía a principios de 1998, en una entrevista realizada por la revista católica lusa *Christus*, interesada en saber su opinión respecto a la difusión del *Tercer Secreto*. También muchos jerarcas de la Iglesia se oponían a la revelación del secreto. ¿Contendría el mensaje terribles alusiones al clero?, comenzamos a preguntarnos muchos. Sin embargo, en esta ocasión, y con motivo de la beatificación de los niños, todos aguardábamos a que por fin se revelara, tras estar en poder del Vaticano durante más de cuarenta años. Esa posibilidad hizo aumentar la expectación desde semanas antes.

Cuando el Papa concluyó su homilía, intervino el cardenal Angelo Sodano, secretario de Estado del Vaticano, pronunciando las siguientes palabras:

"En la solemne circunstancia de su venida a Fátima, el Sumo Pontífice me ha encargado daros un anuncio. Como es sabido, el objetivo de su venida a Fátima ha sido la

beatificación de los dos 'pastorinhos'. Sin embargo, quiere atribuir también a esta pere-grinación suya el valor de un renovado gesto de gratitud hacia la Virgen por la protec-ción que le ha dispensado durante estos años de pontificado. Es una protección que pare-ce que guarde relación también con la llamada 'tercera parte' del secreto de Fátima".

El público seguía con máxima atención al Cardenal Sodano, quien por fin leyó el tan esperado *Tercer Secreto*: *"Un Obispo vestido de blanco, caminando con fatiga hacia la Cruz entre los cadáveres de los martirizados —obispos, sacerdotes, religio-sos, religiosas y numerosos laicos—, cae a tierra como muerto, bajo los disparos de arma de fuego"*. Un texto que parecía aludir, según Juan Pablo II, a su propio aten-tado. Una interpretación, a nuestro juicio, demasiado rebuscada.

Sodano finaliza su breve discurso diciendo que: *"La visión de Fátima tiene que ver sobre todo con la lucha de los sistemas ateos contra la Iglesia y los cristianos, y descri-be el inmenso sufrimiento de los testigos de la fe del último siglo del segundo milenio. Es un interminable Via Crucis dirigido por los Papas del Siglo XX"*.

Este *Tercer Secreto*, según el Vaticano, no habla de acontecimientos futuros, sino de hechos ya cumplidos. *"Las vicisitudes a las que se refiere la tercera parte del secreto de Fátima parecen ya pertenecer al pasado"*, aclara Sodano. ¿En eso consistía pues todo el famoso secreto? ¿porqué entonces no se difundió mucho antes?... La decepción, sin duda, fue grande. Máxime al enterarnos que el texto no se había desclasificado íntegramente. Sería la *Sagrada Congregación para la Doctrina de la Fe* —el antiguo Santo Oficio—, presidida por Joseph Ratzinger, la encargada de hacerlo días más tarde, adjuntando un informe teológico anexo. ¿Qué pre-tendía el Vaticano con esta nueva demora? ¿Estudiar la reacción del pueblo ante las palabras de Angelo Sodano? ¿Ver qué tratamiento darían los medios de comunicación al fragmento revelado? ¿O había algo más?...

Se levanta el *top secret*

Por fin, el 26 de junio de 2000, después de prorrogarse injustificadamente más días de lo anunciado, el cardenal Joseph Ratzinger saca a la luz el manus-crito original —en portugués— de Lucía dos Santos, donde aparece la tercera parte del secreto de Fátima. Durante la concurrida rueda de prensa, Ratzinger advierte que el mensaje *"no anuncia revelaciones apocalípticas. Quien esperaba este tipo de profecías sobre el fin del mundo y sobre el curso de la historia se sentirá desilusionado"*.

Sin embargo, lejos de aclararse las dudas, la difusión del *Tercer Secreto* reavivó aún más la polémica. Su contenido –que en principio confirma que el texto oficioso que ha circulado desde 1963 era completamente falso– no corresponde a un mensaje, sino a una visión. Una visión que tuvo que ser recordada y transcrita ¡26 años después! y que no parece ofrecer elementos que apunten al atentado perpetrado por Alí Agca hace más de veinte años, como nos quieren hacer tragar tanto el Papa, como Ratzinger y compañía. Más bien, el manuscrito de Sor Lucía apunta a algo que está por suceder. A algo que atañe seria y directamente a la Iglesia... Y hay un dato que nos pone sobre la pista y fue lo primero que detectamos cuando pudimos leer el texto original. En él se dice exactamente: *"Y vimos (...) a un Obispo vestido de blanco, hemos tenido el presentimiento de que fuera el Santo Padre (...) Llegado a la cima del monte, postrado de rodillas a los pies de la gran Cruz fue muerto por un grupo de soldados que le dispararon varios tiros de arma de fuego y flechas..."* Esto no fue lo que leyó el Cardenal Sodano 43 días antes junto a la basílica de Fátima. Añadió algo que modifica considerablemente el significado del texto. Recordemos que dijo: *"cae a tierra 'como' muerto"*. Expresado de esta forma, se quiere dar a entender que el *"Obispo vestido de blanco"* está gravemente herido, pero no ha fallecido. En el texto original, sin embargo, se dice claramente que fue asesinado. Es más, Sodano no se refirió a soldados ni a flechas. Dos elementos que hacen inviable comparar el texto de Fátima con el atentado del Papa. ¿Qué se ha pretendido entonces? ¿Dejar pasar un mes y medio para que los fieles se convenzan de que la profecía se refiere a lo ocurrido el 13 de mayo de 1981?... Una manipulación muy sutil pero que ha tenido su efecto: ajustar el *Tercer Secreto de Fátima* al fallido atentado que tanto ha marcado el ministerio apostólico de Juan Pablo II. Una idea que ha calado hondo en los fieles y en muchos fatimólogos, que creen que la Virgen ha evitado milagrosamente que se cumpliera el vaticinio sobre la muerte del *"obispo vestido de blanco"*. Sor Lucía también está de acuerdo, como era de prever, con la interpretación teológica que ha hecho el Vaticano de su visión profética, y que ya le fue expuesta el 27 de abril de 2000 por Monseñor Tarcisio Bertone, Secretario de la *Congregación para la Doctrina de la Fe*, que visitó a la monja en su convento de Coimbra. Fue un encuentro programado por el Papa, como se desprende de la carta que remitió a Sor Lucía el 19 de abril: *"...Monseñor Bertone va en mi nombre para hacerle algunas preguntas sobre la interpretación de la 'tercera parte del secreto'..."* Había que tener todo muy bien atado para el 13 de mayo...

En fin, estamos ante un engaño en toda regla, como lo ha sido el informe teológico que acompaña al *Tercer Secreto*, en el que se hace una lectura simbólica o literal, según convenga, de determinados pasajes del texto. Es normal que, ante este hecho, hayan surgido voces discrepantes dentro de la propia Iglesia. Algunos sacerdotes, obispos y teólogos han desaprobado razonablemente la interpretación que ha ofrecido Juan Pablo II y sus colaboradores de confianza. Sin ir más lejos, el mismísimo obispo de Leiría-Fátima, Serafim Ferreira da Silva, reconoce que no existe ninguna vinculación entre el mensaje y el atentado del Papa. Opinión que también comparten el obispo Manuel Martins, el jesuita Peter Knauer y el teólogo René Laurentin, entre otros muchos. El caso Fátima lejos está de haberse cerrado definitivamente...

Un informe contradictorio

Nos parece absurdo, por otra parte, que Ratzinger insista en que el *Tercer Secreto de Fátima* no contiene elementos apocalípticos, cuando describe terribles escenas de persecución, destrucción y muerte, o habla de un ángel con una espada de fuego, o de una ciudad en ruinas y llenas de cadáveres... Es más, el amplio *Comentario teológico* contiene un apartado titulado *"Un intento de interpretación del secreto de Fátima"* en el que el propio cardenal escribe que: *"El ángel con la espada de fuego recuerda imágenes análogas en el Apocalipsis. Representa la amenaza del juicio que incumbe sobre el mundo. La perspectiva de que el mundo podría ser reducido a cenizas en un mar de llamas, hoy no es considerada pura fantasía: el hombre mismo ha preparado con sus inventos la espada de fuego"*.

Contradicciones como éstas hay muchas. Y si como recordó Angelo Sodano, *"la clave de la lectura del texto ha de ser de carácter simbólico"*, ¿porqué parte de su contenido es interpretado con un hecho puntual como fue el atentado del Papa?... No andemos con rodeos. El Vaticano ha pretendido alejar de la mente de sus feligreses cualquier atisbo sobre un posible fin sangriento de la Iglesia. Pero el texto, leído sin prejuicios ni interpretaciones pseudoteológicas, invita a pensar en un futuro y trágico final para la institución católica. Otra cosa es que ocurra, pues en materia de profecías ya se sabe... Después de todo, no ha de extrañarnos que la Iglesia prefiera actuar así, evitando un miedo innecesario en las conciencias de los creyentes, aunque bien pensado casi más terror produce las otras dos partes del secreto que hablan de un terrible infierno, cruentas guerras, naciones destruidas, etc. En el *Tercer Secreto*, hay una parte del texto que dice: *"...del mismo modo murieron unos tras otros los Obispos, sacerdotes, religiosos y religiosas y diversas personas seglares, hombres y mujeres de diversas clases y posiciones..."*. Ratzinger sale al paso de esta inquietante e incómoda visión, señalando que con todas esas muertes se quiere hacer referencia *"a los muchos mártires habidos en el siglo XX, un siglo particularmente violento"*.

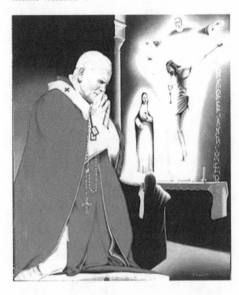

Juan Pablo II desveló por fin el contenido del "Tercer Secreto" de Fátima que estuvo custodiado por el Vaticano desde 1957.

El tan discutible *Comentario Teológico* de Ratzinger pretende finalmente que no quede una imagen negativa y desoladora de la Iglesia, sino todo lo contrario: *"La visión de la tercera parte del 'secreto', tan angustiosa en su comienzo, se concluye pues con una imagen de esperanza: ningún sufrimiento es vano y, precisamente, una Iglesia sufriente, una Iglesia de mártires, se convierte en señal orientadora para la búsqueda de Dios por parte del hombre"*. Exhortación a la oración y llamada a la penitencia y a la conversión, es lo que extrae Ratzinger como reflexión final a las tres partes del secreto de Fátima. Para una lectura pastoral tan simplista y repetida ¿es necesario que tenga que manifestarse la Virgen a tres humildes pastorcillos?...

Como podemos observar, la curia vaticana tenía todo milimétricamente planeado. No obstante, la revelación del *Tercer Secreto* de Fátima, y las treinta y seis páginas del comentario anexo, han creado una enorme controversia. Hay quien pone en duda que se haya desvelado el texto original en toda su integridad. Otros, niegan que la escritura del manuscrito pertenezca a Sor Lucía. De lo que no cabe duda es de que la Iglesia seguirá manejando el caso Fátima para sus propios fines proselitistas y para adoctrinar a la masa de devotos. Y es que son muchos los intereses que se esconden detrás del santuario portugués...

Los otros secretos de Fátima

EN FÁTIMA VIVEN 10.000 HABITANTES, pero es visitada todos los años por cinco millones de peregrinos. Allí se gastan sus ahorros en artículos religiosos –medallas, rosarios, vídeos, libros, imágenes...–, visitando el gran centro comercial o el medio millar de tiendas de *souvenirs* distribuidas alrededor de la basílica. Fátima cuenta con 20 hoteles y más de 80 hostales y pensiones, siendo por tanto el tercer mayor centro hotelero de Portugal. Pero el 70% de los ingresos económicos proviene de los donativos, ya sea en metálico o en joyas, oro u otros objetos de valor. Las numerosas agencias de viaje que allí existen, algunas de las cuales son propiedad de congregaciones católicas, obtienen suculentos beneficios promocionando el turismo a otros lugares de culto mariano. Gracias a esas multitudinarias peregrinaciones, en Fátima se recaudan al año unos tres millones y medio de euros.

Por si fuera poco, Fátima está atravesada por corredores subterráneos que llegan hasta diversos sótanos donde se guardan monedas, cadenas y anillos de oro donados por los peregrinos, y que posteriormente pasan a las arcas del templo. Asimismo, la revista portuguesa *Visao* publicó a principios de 2000 una sorprendente noticia: el descubrimiento de 50 Kg. de oro nazi, procedentes de la Casa de la Moneda prusiana, en una cuenta secreta del santuario, es decir, oro saqueado a los judíos durante la Segunda Guerra Mundial. Se desconocen las razones por las que la Iglesia recibió esos cuatro lingotes de oro de más de 12 Kg. cada uno. Sólo se sabe que fueron descubiertos en 1976, tras llevarse a cabo una exhaustiva investigación financiera oculta a la opinión pública, aunque finalmente ha podido ser revelada.

También hace un par de años, el obispo de Leiría-Fátima, Serafim Ferreira da Silva, dio a conocer por primera vez los beneficios obtenidos por el santuario: 1.400 millones de pesetas en 1999, de los que casi 1.200 millones provienen de las donaciones de los fieles peregrinos. De ahí que haya costosos proyectos para construir nuevas iglesias, capillas, museos, salas de cine, etc. Y yo me pregunto: ¿Por qué no condena la Virgen en sus mensajes los negocios que se levantan a costa de su nombre?...

Epílogo

FIN DEL TRAYECTO... Aunque han quedado muchas cosas en el tintero, creo que usted se habrá podido hacer una idea global del fenómeno aparicionista con todo lo expuesto a lo largo de estas páginas. Un fenómeno que, como hemos visto, se sustenta sobre una base muy poco sólida. Estamos tratando mayormente con experiencias psíquicas y subjetivas. Téngase en cuenta además que un 4% de la población posee lo que se viene denominando como "personalidad propensa a la fantasía", y nada menos que un 33% sufre alguna enfermedad psiquiátrica. Muchos de los casos aparicionistas quedan repartidos entre ambas categorías.

Sin embargo, en ciertos casos, la parapsicología también tiene algo que decir sobre determinados hechos anómalos que no podemos negar y que están relacionados con los conocidos como estados alterados o modificados de conciencia. Son esos casos, en los que una persona normal, a través del trance o éxtasis, accede a un nivel transpersonal de la psique. Y en tales ocasiones, pueden darse fenómenos de percepción extrasensorial y, rara vez, algún posible fenómeno parafísico. Tampoco negamos que existen determinados casos aparicionistas con elementos interpretables desde un punto de vista ufológico.

Pero aún dejando entreabierta estas posibilidades, existe un abrumador número de incidentes aparicionistas que caen de lleno en la categoría del fraude. Los motivos ya los hemos expuesto. El dinero principalmente. Y también el afán de megalomanía, la difusión de determinadas ideologías tradicionalistas, el sectarismo, etc. Asimismo, en las investigaciones he sido testigo de la expansión de un feroz integrismo mariano que está resultando nocivo para muchas personas. Es un terreno en el que la fanatización se manifiesta en todo su esplendor. Surgen incluso organizaciones con nombres como *Ejército Azul* o *Los Caballeros del Pilar*, que hacen apostolado de viejas ideas reaccionarias y condenan todo lo que tenga que ver con el modernismo —modas, músicas, libertades individuales, nuevas teologías, avances tecnológicos, etc–. Suelen creer que el diablo está escondido detrás de las esquinas para acecharnos a cada paso. Ellos, claro está, se sienten protegidos por la Virgen y son inmunes a cualquier ataque diabólico. Eso también les hace acoger bien las profecías escatológicas. Si se acaba el mundo, ellos ya tienen billete fijo para gozar de la gloria celestial. Los infieles, no tendremos esa suerte...

Dejando a un lado tales disquisiciones, la única realidad es que cuando miramos a nuestro alrededor y observamos cómo está el planeta en estos momentos, con tantos desastres ecológicos, con las necesidades que tienen muchas familias que viven en la más absoluta miseria, con las dificultades por las que atraviesan tantos inmigrantes, con las enfermedades y epidemias que siguen asolando a tantos pueblos tercermundistas, con las guerras que tantas vidas humanas siguen exterminando, etc., nos parece ridículo creer que María, la madre de Jesús, se manifieste tantísimas veces solamente para ofrecer sermones amenazantes, pedir oración y, encima, más sacrificio y sufrimiento. E igual de ingenuo resulta creer que se entretenga realizando juegos acrobáticos con el Sol, curando pequeñas enfermedades o provocando agradables aromas florales. Ahora bien, cada cual es libre de creer en lo que desee. Y también lo es en dejarse engañar...

Si se reflexiona un poco, si se analizan los mensajes y los "milagros" colaterales, si nos preguntamos de qué han servido tantísimas apariciones y qué repercusión han tenido en la sociedad, o si han llamado la atención de los líderes políticos y militares, nos daremos cuenta que la Virgen María no ha pintado nada en este festín y que a muy poca gente le distrae de sus quehaceres cotidianos. Y la razón no es otra que la escasa credibilidad que tiene el fenómeno aparicionista. Porque si existiesen pruebas indiscutibles de que la Madre de Jesús está apareciéndose en distintos puntos del globo terráqueo, seguramente sería tema de portada en todos los periódicos del mundo, y los telediarios abrirían sus espacios con tan trascendental noticia.

Lo que está claro es que la Virgen María ha sido convertida en una "potencia celeste" sádica y narcisista, a la que hemos de temer y adorar en todo momento. Parece chocante que continuamente nos amenace con castigos apocalípticos, que sólo diga barbaridades y trivialidades, y que utilice sus poderes para hacer prodigios con los que tener contentos a sus fieles, en vez de emplearlos para paliar muchos de los males que nos rodean. Recuerdo lo que me dijo un sacerdote –que también los hay muy escépticos respecto a estos hechos–, cuando le mostré algunos mensajes marianos y fotos de presuntos milagros: *"Si la Virgen María se manifestara para decir esas burradas y para hacer esas tonterías, ahora mismo dejaba los hábitos"*. Quizás no se reaccionaría de esa forma tan crítica, si la Virgen, tan preocupada por condenar el comunismo –una fijación que aún hoy persiste–, hubiese sido capaz de advertir algo que sí puede convertirse en una verdadera amenaza: el terrorismo internacional. Pese a su afán profético, ha sido incapaz de predecir lo ocurrido el 11-S en Nueva York, el 11-M en Madrid, o el auge que iba a tomar el integrismo islámico nada más iniciarse el nuevo milenio. Francis Fukuyama, profesor de Economía Política Internacional, comentaba en el diario *El País* que *"Osama Bin Laden, Al Qaeda, los talibanes y el islamismo radical en general, representan para las democracias liberales un desafío ideológico en cierto modo mayor que el que representó el comunismo"*. ¡Y la Virgen sin enterarse!...

Todo este cúmulo de incongruencias no hace sino plantear algunas cuestiones que considero básicas: ¿Por qué la Virgen, ya que tiene poderes para hacer cualquier cosa, no ocupa las emisiones de la CNN o aparece en una reunión de las Naciones Unidas para que así su mensaje llegue a todo el mundo y sea tenido en cuenta? ¿Por qué elige a personas cuyos testimonios apenas serán creídos ni captarán la atención pública? ¿Por qué no hace un gran milagro que realmente haga recapacitar a la humanidad, y no pueda ser rebatido ni por científicos ni por escépticos? ¿Por qué es anticomunista y no, en cambio, anticapitalista? ¿Por qué repite tantísimas veces las mismas infantilidades? ¿Por qué potencia la enemistad entre los seguidores de una aparición y los de otra?...

Se acumulan las preguntas pero se silencian las respuestas. Los seguidores marianos no saben o no contestan. Mientras, la milagrería popular, con sus descontroladas manifestaciones de fanatismo y superstición, está alcanzando niveles demenciales. Ya lo dijo Hipócrates: *"Los hombres creen que la epilepsia es divina, meramente porque no la pueden entender. Pero si llamasen divino a todo lo que no pueden entender, habría una infinidad de cosas divinas"*. Y eso es lo que ocurre en los núcleos aparicionistas. Los fieles creen que en esos lugares hay infinidad de cosas divinas, pero únicamente hay cosas que nacen y mueren en la mente humana. Nada más. Desde fenómenos ilusorios y alucinatorios hasta algún posible fenómeno parapsicológico. Pero nada que provenga de fuera. No creo que haya un estímulo externo, exógeno al vidente. Empero, los creyentes aparicionistas prefieren seguir viviendo en su mundo imaginario. Carl Sagan, en su extensa obra *El Mundo y sus Demonios*, hace la siguiente reflexión: *"Se dan testimonios de milagros, pero ¿y si en lugar de eso son una mezcla de charlatanería, estados de conciencia poco familiares, malas interpretaciones de fenómenos naturales y enfermedades mentales?..."*.

Los seguidores aparicionistas desconocen la complejidad de la psique humana, el papel que juegan las alucinaciones y los delirios, los mecanismos que se ponen en marcha durante los estados modificados de conciencia, las facultades psi, etc. Están sumidos en una gran ignorancia. Y lo peor es que no hacen nada por evitarla. Temen que sus débiles creencias se desmoronen como un castillo de naipes, y por eso prefieren hacer oídos sordos a lo que dicen los psicólogos, psiquiatras y parapsicólogos. No les importa que sus decisiones y sus vidas estén en manos de visionarios, y que su fe esté asentada en el maravillosismo.

A pesar de que hemos alcanzado el siglo XXI, un período histórico que la ciencia-ficción siempre imaginó de lo más futurista, parte de la humanidad sigue viviendo entre tinieblas, sumergida en el irracionalismo más radical y aguardando presuntos signos apocalípticos. Si quiere usted comprobarlo con sus propios ojos, acérquese por algún enclave aparicionista. Encontrará de todo, menos la presencia de aquella sencilla mujer judía llamada María. Ella, que nos merece el máximo respeto, nunca se prestaría a esos numeritos histriónicos.

Después de leer estas páginas, posiblemente usted se habrá preguntado sobre mis conclusiones personales al respecto. Pues bien, aunque considero que cada uno debe llegar a las suyas propias, les ofrezco los resultados de mis reflexiones como apunte final:

La Virgen María jamás se ha aparecido en nuestro mundo tras su muerte.

Las visiones y locuciones tienen una causa psicológica o psicopatológica.

Los fenómenos milagrosos no son más que ilusiones ópticas, alucinaciones y fraudes. Eventualmente, pueden tratarse de fenómenos parapsicológicos.

Existe un trasfondo lucrativo en la mayoría de los casos aparicionistas.

A través de las apariciones marianas se pretende expandir determinadas ideologías ultraconservadoras, reaccionarias y antidemocráticas.

Hay una dinámica claramente sectaria en los grupos marianos que surgen en torno a determinados casos aparicionistas.

La Iglesia católica ha utilizado las apariciones marianas de mayor resonancia pública como más le ha convenido, con el fin de afianzar y garantizar su poder sobre la masa de creyentes, captar más feligreses e incluso obtener beneficios económicos.

Bibliografía recomendada

ALONSO FERNÁNDEZ, FRANCISCO: *Estigmas, levitaciones y éxtasis*. Temas de Hoy, 1993.

CARRIÓN, GABRIEL: *El lado oscuro de María*. Aguaclara, 1992.

DÄNIKEN, ERICH VON: *Las apariciones*. Martínez Roca. 1975.

EVANS, HILARY: *Visiones. Apariciones. Visitantes del espacio*. Kier, 1989.

FERNANDEZ, JOAQUIM Y D'ARMADA, FINA: *Intervençao extraterrestre em Fatima*. Libraria Bertrand (Lisboa), 1981.

FREIXEDO, SALVADOR: *Visionarios, místicos y contactos extraterrestres*. Quintá, 1985.

HERMANA LUCÍA: *Llamadas del mensaje de Fátima*. Planeta. 2002.

JAMES, WILLIAM: *Las variedades de la experiencia religiosa*. Peninsula, 2002.

JUNG, CARL: *Psicologia y religión*. Paidós, 1994

LAURENTIN, RENÉ: *Apariciones actuales de la Virgen María*. Rialp, 1989.

MICHEL, AIMÉ: *El misticismo*. Plaza & Janés, 1973.

PERERA, RAMOS: *Las creencias de los españoles: la tierra de María Santísima*. Mondadori, 1990.

ROGO, SCOTT: *El enigma de los milagros*. Martínez Roca, 1988.

SÁNCHEZ-VENTURA, FRANCISCO: *Estigmatizados y apariciones*. Círculo, 1966. *La verdad sobre las apariciones de Garabandal*. Fundación María Mensajera, 1998.

TORBADO, JESÚS: *¡Milagro, milagro!* Plaza & Janés. 2000.